［過去問］

2024
慶應義塾幼稚舎
入試問題集

Shinga-kai

慶應義塾幼稚舎

過去15年間の入試問題分析
出題傾向とその対策

2023年傾向

例年通り、内面の豊かさや発想力を見る表現課題が男女ともに出題されました。一方で貝殻の仲間探しをさせるなど、絵や制作からだけでなくさまざまな観点から子どもたちを見ようという学校の姿勢もうかがえました。行動観察としての集団遊びは、4、5人を1組にしたグループ活動として行われました。用意された遊具を使っていろいろなお友達と仲よく遊ぶ自由遊びなどもあり、コロナ禍以前の出題内容に戻りつつあるといえるでしょう。

傾　向

女子が前半の3日間、間に1日を挟んで男子は後半の4日間という日程で、それぞれ年少者から考査日が1日指定されます。内容については、絵画や制作を行う表現力テスト、チームを組んでリレーやゲームをする行動観察テスト、模倣体操や競争を行う運動テストの3つから構成されています。コロナ禍の2021年度以降、絵画・制作の課題は感染防止用のパーティションのある座席で行われ、指示もモニターを使って出されています。全日程において絵画に至る導入に工夫を凝らし、多面的な視点で子どもたちを見ながら豊かな経験から生まれる発想力を求める傾向に変化はありません。例えば、葉っぱや貝殻といった具体物でそれぞれの特徴から仲間探しをさせ、その観点を問うような課題や、たくさんの生き物の絵の中から桃太郎の新たな家来を3匹選んだり、未知の生き物を創り出すのに合体させる2匹を選んだりして、さらにその生き物を選んだ理由ともなる絵を描かせる課題などです。絵画では「人の役に立つもの」や「人の役に立つこと」など人を手伝う、助けるといった条件で描かせる課題が毎年のように出題されています。発想力を見るだけでなく、自分の周りの人や社会とのかかわりを意識した物の見方が育っているかも測ろうとしているようです。また絵を描いている間には、複数のテスターから「何を描いているか」などの質問があります。作品についての思いを、元となった体験や生活を含め、自分の言葉で伝える力が画力にも増して求められる印象です。行動観察では例年、グループで競争形式のゲームをさせ、課題解決に向けての意欲や工夫、コミュニケーション力が見られています。あえてテスターから「友達へア

ドバイスしてよい」と言われているため、チーム内で積極的に発信していく姿が求められているようです。運動テストは例年、模倣体操と連続運動（サーキット運動）が行われています。取り組む際の気力の充実や身体能力などが問われる課題です。連続運動の際には自分の識別マークの上に立って待つよう指示があります。自分の出番を意識しつつお友達の取り組みを見る姿勢は、人の行いから学ぶという学習姿勢の基本として、例年変わらず求められています。

対　策

行動観察テストではチームごとに協力するリレーやゲームなどが行われます。まずは課題を理解し、ルールに沿って動くことが大切です。ときには慌てたり考え違いをしたりして思わぬ展開になることもあり、お互いが間違いを教え合ったり、カバーすることが求められます。ほかの人の行いや気持ちにも関心がおよぶような広い視野を育むためには、お友達同士での遊びの機会を多く持つことが大切です。また、絵画の課題中にはテスターから声を掛けられます。質問にただ答えるのではなく、初めて出会うテスターを受け入れて楽しく会話を進め、笑顔を見せるなど子どもらしさが伝わるとよいですね。日ごろからいろいろな人たちとの出会いを大切にして、人と話すことを楽しめるようにしましょう。子どもの発想力の源になるのは生活と遊びですが、物質的な豊かさではなく心の豊かさが得られるような生活を意識することが大切です。子どもの内側に何を残すかが重要ですから、体験をその子らしい言葉で語れるように思いを引き出す言葉掛けをしたり、体験を絵にしてみたりして、記憶に残るように心掛けていきましょう。そうした体験を重ねることで、驚きや感動に満ちたみずみずしい思い出として心に残り、個性豊かな表現につながっていくことでしょう。また、一つひとつの事象をぶつ切りではなく連続したものとしてつながりで捉える力も必要です。「なぜそう思うのか」と理由を話させたり、「これをするとどうなるのか」と先の展開を考えさせたりして物事の因果関係を考え、論理的思考力を育むことで、ただ思いつくままに無秩序に表現するのではなく、明確な理由や根拠を持って表現・行動することができるようにしましょう。このような習慣が行動観察時のコミュニケーションにおける説得力や、チーム対抗の競争に勝つための工夫やアイディアの提案など、考査のさまざまな場面で生きてきます。運動テストではキビキビした行動やメリハリのある態度、ルールに対する理解が求められます。普段から決まりを守るようにし、俊敏な行動を心掛けましょう。連続運動は競争形式で行われるため、運動に限らず親子でゲームをする中で、競争心を刺激してみるとよいですね。その際、勝ちにこだわり過ぎず、約束を守って正々堂々と行うことが大切であることも伝えましょう。子どもの機嫌をとるために故意に負けるようなことはせず、負けや失敗の原因を考えさせる機会にしましょう。不利な形勢を立て直して好転させる工夫力や根気、自分で気持ちを切り替えて立て直す強い精神力が育ち、それが底力となり入試でも必ず発揮されるはずです。

年度別入試問題分析表

【慶應義塾幼稚舎】

	2023	2022	2021	2020	2019	2018	2017	2016	2015	2014
ペーパーテスト										
話										
数量										
観察力										
言語										
推理・思考										
構成力										
記憶										
常識										
位置・置換										
模写										
巧緻性										
絵画・表現										
系列完成										
個別テスト										
話										
数量										
観察力										
言語										
推理・思考										
構成力										
記憶										
常識										
位置・置換										
巧緻性										
絵画・表現										
系列完成										
制作										
行動観察										
生活習慣										
集団テスト										
話										
観察力										
言語	○	○	○	○	○	○	○	○	○	○
常識										
巧緻性										
絵画・表現	○	○	○	○	○	○	○	○	○	○
制作	○	○	○	○	○	○	○	○	○	○
行動観察	○	○		○	○	○	○	○	○	○
課題・自由遊び							○	○		
運動・ゲーム	○	○		○	○	○	○	○	○	○
生活習慣										
運動テスト										
基礎運動										
指示行動	○	○	○	○	○	○	○	○	○	○
模倣体操	○	○	○	○	○	○	○	○	○	○
リズム運動										
ボール運動										
跳躍運動										
バランス運動										
連続運動	○	○	○	○	○	○	○	○	○	○
面接										
親子面接										
保護者(両親)面接										
本人面接										

※この表の入試データは10年分のみとなっています。　　　　　　　　　　　　※伸芽会教育研究所調査データ

小学校受験Check Sheet

　お子さんの受験を控えて、何かと不安を抱える保護者も多いかと思います。受験対策はしっかりやっていても、すべてをクリアしているとは思えないのが実状ではないでしょうか。そこで、このチェックシートをご用意しました。1つずつチェックをしながら、受験に向かっていってください。

✳ ペーパーテスト編

①お子さんは長い時間座っていることができますか。

②お子さんは長い話を根気よく聞くことができますか。

③お子さんはスムーズにプリントをめくったり、印をつけたりできますか。

④お子さんは机の上を散らかさずに作業ができますか。

✳ 個別テスト編

①お子さんは長時間立っていることができますか。

②お子さんはハキハキと大きい声で話せますか。

③お子さんは初対面の大人と話せますか。

④お子さんは自信を持ってテキパキと作業ができますか。

✳ 絵画、制作編

①お子さんは絵を描くのが好きですか。

②お家にお子さんの絵を飾っていますか。

③お子さんははさみやセロハンテープなどを使いこなせますか。

④お子さんはお家で空き箱や牛乳パックなどで制作をしたことがありますか。

✳ 行動観察編

①お子さんは初めて会ったお友達と話せますか。

②お子さんは集団の中でほかの子とかかわって遊べますか。

③お子さんは何もおもちゃがない状況で遊べますか。

④お子さんは順番を守れますか。

✳ 運動テスト編

①お子さんは運動をするときに意欲的ですか。

②お子さんは長い距離を歩いたことがありますか。

③お子さんはリズム感がありますか。

④お子さんはボール遊びが好きですか。

✳ 面接対策・子ども編

①お子さんは、ある程度の時間、きちんと座っていられますか。

②お子さんは返事が素直にできますか。

③お子さんはお父さま、お母さまと3人で行動することに慣れていますか。

④お子さんは単語でなく、文で話せますか。

✳ 面接対策・保護者（両親）編

①最近、ご家族での楽しい思い出がありますか。

②ご両親の教育方針は一致していますか。

③お父さまは、お子さんのお家での生活や幼稚園・保育園での生活をどれくらいご存じですか。

④最近タイムリーな話題、または昨今の子どもを取り巻く環境についてご両親で話をしていますか。

2023 慶應義塾幼稚舎入試問題

選抜方法

考査は女子が先の3日間、1日おいて男子が後の4日間という日程のうち、1日を指定される。男子・女子とも生年月日の年少者から約18人単位で集団テストと運動テストを行う。指定通りに体操服を着用して控え室に入り、マスクと靴を替えてから考査会場に向かう。所要時間は約2時間。

集団テスト

玄関で受験票を提示し、当日の内容や注意事項が書かれた印刷物(「すぐお読みください」)をもらう。控え室となっている教室の前でもう一度受験票を提示し、指示された番号の座席につき添い者と並んで座って待つ。集合時刻になったら、学校が用意したマスクにつけ替え、運動靴に履き替える。約10分後、受験票を持って並び、移動のときの注意事項(前の人を抜かさない、受験票を落とさない、おしゃべりをしない)を聞いてから出発する。途中の準備室で個々を識別するためのマーク(○、△、□、☆、♡などの形がそれぞれ赤、青、緑、黄色などの各色に分かれている)が各自に指定され、番号入りのシールを体の前後に貼付してから会場に向かう。考査会場の机や床にはマークがついており、考査は自分のマークのところで行う。

1 絵画・制作

各自の机の上にポンキーペンシルやクレヨン(12色)が置かれ、課題に応じて画用紙やトレーに入ったスティックのり、セロハンテープ、はさみなどを使用する。机には感染防止用のパーティションが前面と側面に設置され、着席した状態で教室前方のモニターに流れる映像を観た後、課題を行う。

(女子)

Ⓐこれまでに作ってきた公園を紹介する大工さんの映像を観た後、自分ならどんな公園を作ってもらいたいかを考えて、机の上に置かれたホワイトボードにそのイメージを作る。いろいろな遊具や人が描かれた絵カード(裏にマグネットがついており、パーティションに立てかけて置かれたもう1枚のホワイトボードにたくさん貼られている)を貼ったり、ホワイトボード用マーカーで描き足したりしてイメージをふくらませる。さらにB4判の画用紙が配られ、自分がその公園で遊んでいる様子の絵をクレヨンで描く。

Ⓑ自分の思い出をすごろくにして遊ぶ映像を観た後、駒とすごろくを作る。名刺大のカー

ドの表には自分を、裏には自分の宝物をポンキーペンシルで描き、下からダブルクリップで挟んで立ててすごろくの駒にする。すごろくの台紙にはマスがかかれている。青い枠のマスに止まったら２つ進み、赤い枠のマスに止まったら２つ戻るというルールの説明があり、青い枠のマスには楽しい思い出や得意なこと、赤い枠のマスには嫌な思い出や苦手なことをポンキーペンシルで描く。ほかのマスは、自由に色を塗ったり絵を描いたりしてよい。

C 植物博士が見たこともないような植物やその種を紹介する映像を観た後、あったらいいなと思う不思議な植物の種を６色のカラー粘土で作る。さらにＢ４判の画用紙に、その種から育った植物の絵を、どのように不思議なのかがわかるようにポンキーペンシルで描く。

（男子）

D 生き物博士が２種類の生き物をカプセルに入れて合体させる映像を観た後、生き物がたくさん描かれた台紙から合体させたい２種類を選んではさみで切り取り、カプセルの絵が描かれた台紙にスティックのりで貼る。さらにＢ４判の画用紙に、合体させた生き物とどんなことがしたいのかクレヨンで描く。生き物の台紙は数種類あり、時間帯によって使用するものが異なる。

E さまざまな秘密基地を紹介する映像を観た後、自分の作りたい秘密基地をＢ４判の画用紙にポンキーペンシルで描く。その際に、パーティションに立てかけて置かれたシールの台紙２枚から、自分の秘密基地に置きたいもののシールを選んで貼る。シールは生き物、家具、食べ物、人など数十種類の絵柄があり、１枚に２つの絵柄が描かれたものは使いたい方をはさみで切り取って使う。

F 妖怪博士が唐傘お化けや提灯お化けなどの妖怪について話した後、人の役に立つ妖怪として塗り壁や布団かぶせなどを紹介し、それがどのように役に立つかを話す映像を観る。その後Ｂ６判の画用紙に自分で考えた役に立つ妖怪をポンキーペンシルで描き、さらにＢ４判の画用紙にはその妖怪が活躍して役に立っている様子を描く。

G 「ある島に住んでいるたろう君が、島から引っ越したお友達に手紙を書こうとした。ところが島にはポストがなく、何とかして手紙を届けたいと神社にお参りして願うと神様が現れ、願いをかなえる代わりに貝殻を仲よし同士に分けるように言われる」というお話の映像を観る。その後、用意されている十数個の本物の貝殻をプラスチック製カップから出して、仲よしごとに４つのくぼみがあるトレーに分ける。次に、ポストに見立てた白い貯金箱形の芯材を６色のカラー粘土と貝殻で装飾し、思い出の便りが出せる思い

出ポストを作る。さらにそのポストを使って誰にどのような思い出を伝えたいのかを考えて、その思い出をＢ５判の画用紙にポンキーペンシルで描く。

言　語

絵画・制作の間にテスターから質問される。答えると、その動機となった思いや体験について質問が発展することがある。

・何を描いていますか。どうしてそれを描くことにしたのですか。

・（貝殻の仲間探しでは）どのような分け方をしたのですか。

2 行動観察

グループに分かれ、以下のゲームのいずれか１つまたは２つを行う。内容は試験日やグループによって異なる。ゲームを行う際の待機場所には１〜５のサイコロの目のプレートが貼られたミニコーンが並んでいる。

Ａ ボウリングリレー…４、５人のチームでペットボトルをピンにして、大中小の３種類のボールでボウリングをする。最初は大きいボールを使って先頭の人が決められた線から転がし、倒れたピンはそのまま残して次の人にボールを渡す。すべてのピンが倒れるまで１人１投ずつ順番に同じボールを転がしていく。すべてのピンが倒れたら、そのときボールを転がした人がボールを指定の置き場に置き、サイコロの１と２の目の待機場所にいた人が倒れたピンを床の印に合わせて元のように立てる。その後、中くらいのボール、小さいボールでも同様に行い、一番早く３球ともボール置き場に置いたチームの勝ち。

Ｂ カード並べリレー…４、５人のチームに分かれて行う。３×３のマス目と、同様のマス目に絵カードが並んだお手本がチームごとに用意されている。１人ずつ順番に、お手本と同じ絵カードを絵カード置き場から見つけてきて、お手本と同じマス目に置いていく。前の人が置き方を間違えていたら後の人が直してもよく、その場合は直したいマス目のカードと自分が置くカードの計２枚を選び、置くようにする。すべてのマス目に絵カードが置けたら、チーム全員で挙手をする。テスターが確認してお手本通りにできていれば、次のお手本に挑戦できる。その際、すでに並べたカードはサイコロの１と２の目の待機場所にいた人が集めて、元のカード置き場に戻す。そのカードでのすべてのお手本をクリアすると、カードの種類を違うものに替えてもらえる（例：生き物カード→洋服カード）。用意されたすべてのお手本

を早くクリアできたチームの勝ち。

C ビンゴゲーム…4、5人1組のチームになり、2チーム対抗で行う。サイコロの1の目の待機場所にいる人同士でジャンケンをし、勝ったチームが先攻、負けたチームが後攻となる。床にかかれた3×3のマス目に、自分のチームの色のミニコーンを置いたら列の後ろに戻って並び、次は相手チームが置く。交互に行い、縦、横、斜めのいずれか1列に自分のチームのミニコーンを先に並べたチームの勝ち。1回戦は上記のルールで行う。以降は各チームに2本のビッグコーンが追加され、相手チームが置いたミニコーンにかぶせ、自チームの色に変えることができるルールが加わり、ゲームを続ける。

D フープくぐりリレー…9人1組のチームになり、2チーム対抗で行う。床に置かれたラダー（はしご状のマス目のトレーニング器具）の1マスおきに9人が立つ。列の前後にコーンが立てられ、前方のコーンにはフープがかけられている。スタートの合図とともに先頭の人がフープを取り、頭からくぐって次の人に渡す。同様にフープを渡していき、最後尾の人がくぐったらフープで後方のコーンにタッチし、再度フープをくぐって同じ要領で前に戻していく。最初のコーンに早くフープを戻せたチームの勝ち。

E 自由遊び…さまざまな遊びのコーナーが設けられている中で自由に遊ぶ。走ってよいエリアと走ってはいけないエリアに分けられていて、太鼓の音が鳴ったら遊びをやめる。縄跳び、フープ、ボール、手裏剣、的当て、ストラックアウト、オセロ、トランプ、ドミノ、プラレール、ニューブロック、魚釣り、エアーサンドバッグなどの遊具があり、グループによって用意されている遊具が多少異なる。

F 玉入れゲーム…4、5人1組のチームになり、2チーム対抗で行う。4本の筒が横に並ぶようにホワイトボードに立てかけられている。各チーム1人ずつラインからボールを投げ、ホワイトボードに当てて筒に入れる。1投で入れば列の後ろに並び、外れたら同じ球でもう1回投げることができる（2投まで）。2チームが交互に行い、全員が投げ終わった時点で入れたボールが多いチームの勝ち。

G 玉入れビンゴ…Fのセッティングをそのまま使用する。ジャンケンで勝ったチームが先

攻、負けたチームが後攻となる。各チーム1人ずつ自チームの色のボールを1球取り、筒に入れていく（ボールは投げずに直接筒に落とす）。交互に行い、縦、横、斜めのいずれかに自チームのボールが3個1列に並べば勝ち。

運動テスト

🔲 模倣体操

床にかいてある自分のマークの上に立ち、モニターに映るテスターのまねをして体操する。

・指の屈伸…1から10まで数えながら、上に伸ばした両手を親指から順番に折り、小指から順に開いていく。

・グーパージャンプ…グーで足をそろえてしゃがんだ後、ジャンプしながら手足を横に広げてパーのポーズをする。

・前後屈…両足を開いて立ち、前屈と後屈を行う。

・両足跳び…自分のマークから前後左右に、テスターの指示に従って両足跳びをする。

・行進…マークの周りを行進し、合図で逆方向に向きを変えて行進する。

・片足バランス…テスターが数を数える間、飛行機のように両手を左右に広げ、片足を後ろへ伸ばして片足バランスを行う。

3 競　争

3つのコースを使っていくつかのパターンの連続運動を行う。自分のマークの上に立って待機していると、テスターに3つのコースのいずれかに移動するよう指示される。それぞれのコースのスタート地点には青信号と赤信号のマークがかかれており、青信号のマークからスタートする。折り返しのコーンを回ってゴールの赤信号マークの上に立ったら気をつけの姿勢で待つ（スタートの姿勢はスタンディングスタートのほか、長座や後ろ向きの長座などその場の指示に従う）。

Ⓐ青信号マークからスタートして走り、コーンを回ったらケンケンで折り返す。コースの途中にあるピンクのラインで足を替え、ゴールの赤信号マークまで進む。

Ⓑ青信号マークからスタートして走り、コーン手前の箱から布製の玉を2つ取って的を目がけて投げる。落ちた玉を拾って箱に戻し、横向きのギャロップで折り返す。ピンクのラインで体を反転させて向きを変え、ゴールの赤信号マークまで進む。

Ⓒ青信号マークから後ろ向きの長座姿勢でスタートして、3本のゴム段の間をジグザグに

走る。一番奥のコーンを回って折り返し、帰りは3本のゴム段を跳び越しながらゴールの赤信号マークまで走る（3本のゴム段のうち2本目や3本目だけをくぐるなど、グループにより異なる）。

1 — A

公園作り

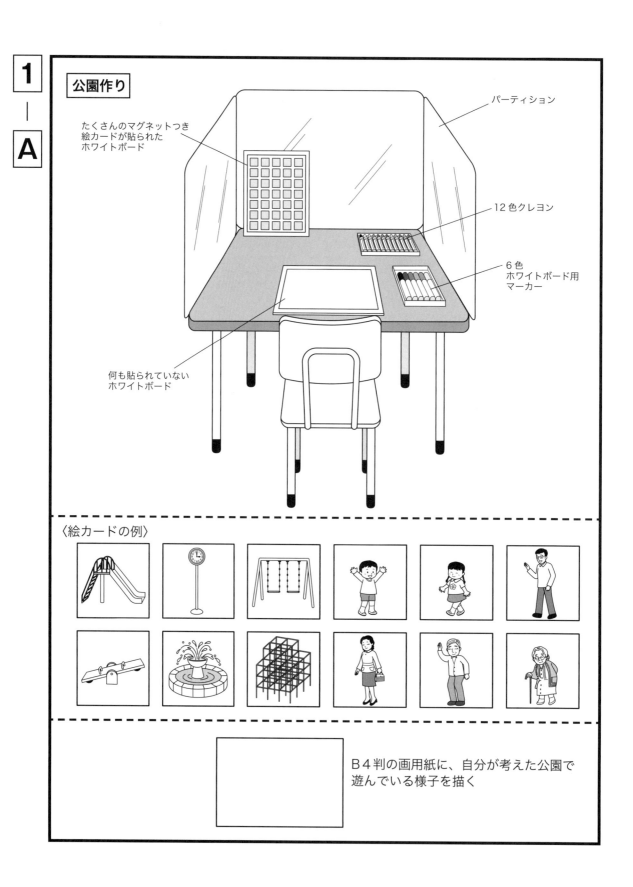

たくさんのマグネットつき
絵カードが貼られた
ホワイトボード

パーティション

12色クレヨン

6色
ホワイトボード用
マーカー

何も貼られていない
ホワイトボード

〈絵カードの例〉

B4判の画用紙に、自分が考えた公園で
遊んでいる様子を描く

1
B
思い出すごろく作り

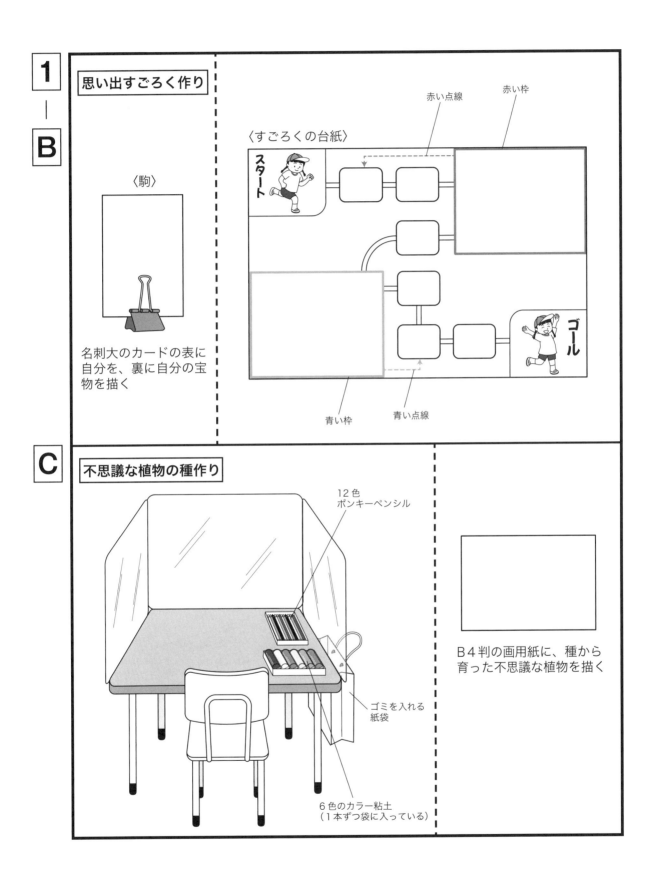

〈すごろくの台紙〉

赤い点線

赤い枠

スタート

ゴール

青い枠

青い点線

〈駒〉

名刺大のカードの表に自分を、裏に自分の宝物を描く

C
不思議な植物の種作り

12色
ポンキーペンシル

ゴミを入れる
紙袋

6色のカラー粘土
（1本ずつ袋に入っている）

B4判の画用紙に、種から育った不思議な植物を描く

1−D

合体させる生き物選び

〈生き物の台紙〉

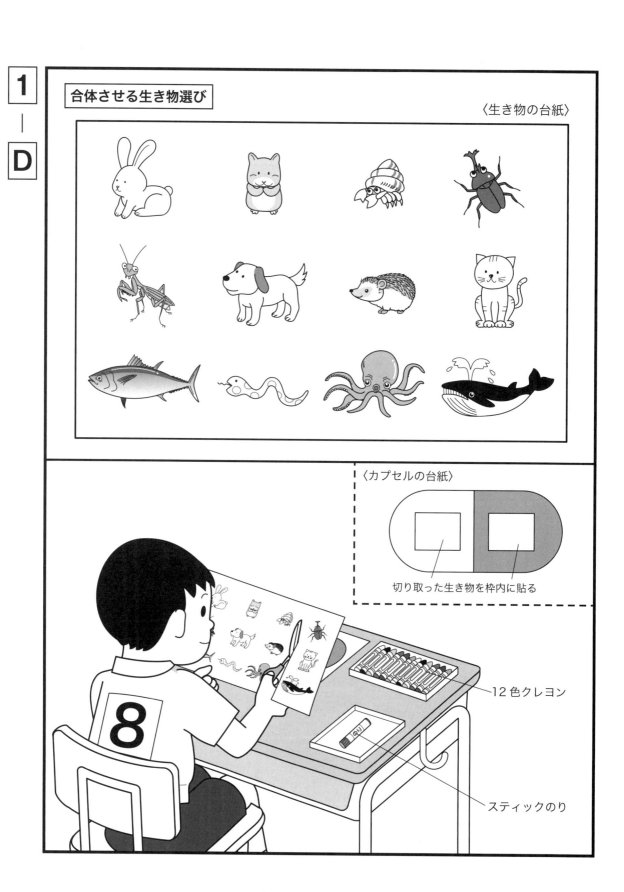

〈カプセルの台紙〉

切り取った生き物を枠内に貼る

12色クレヨン

スティックのり

1
—
E

秘密基地作り

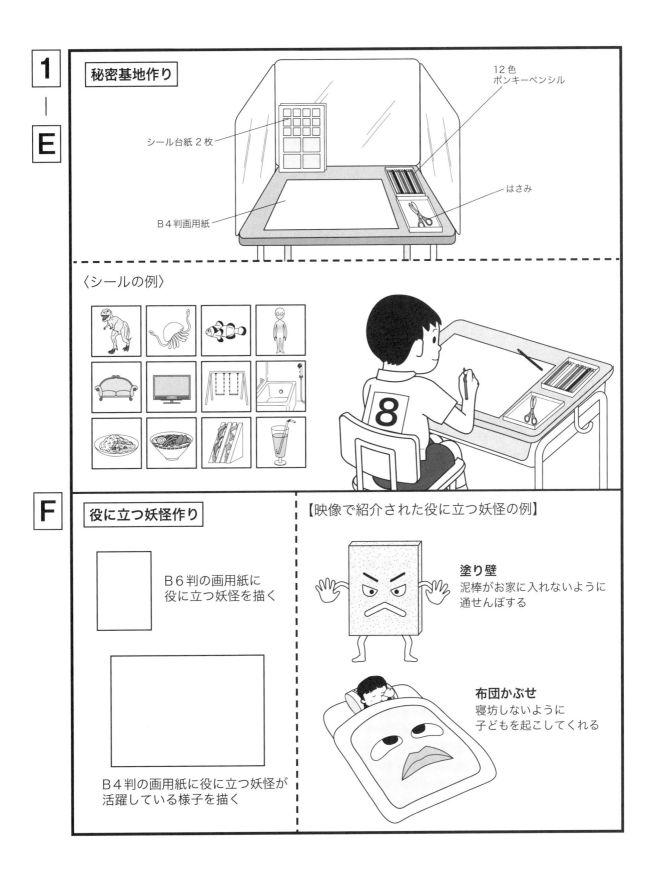

12色
ポンキーペンシル

シール台紙2枚

はさみ

B4判画用紙

〈シールの例〉

F

役に立つ妖怪作り

B6判の画用紙に
役に立つ妖怪を描く

B4判の画用紙に役に立つ妖怪が
活躍している様子を描く

【映像で紹介された役に立つ妖怪の例】

塗り壁
泥棒がお家に入れないように
通せんぼする

布団かぶせ
寝坊しないように
子どもを起こしてくれる

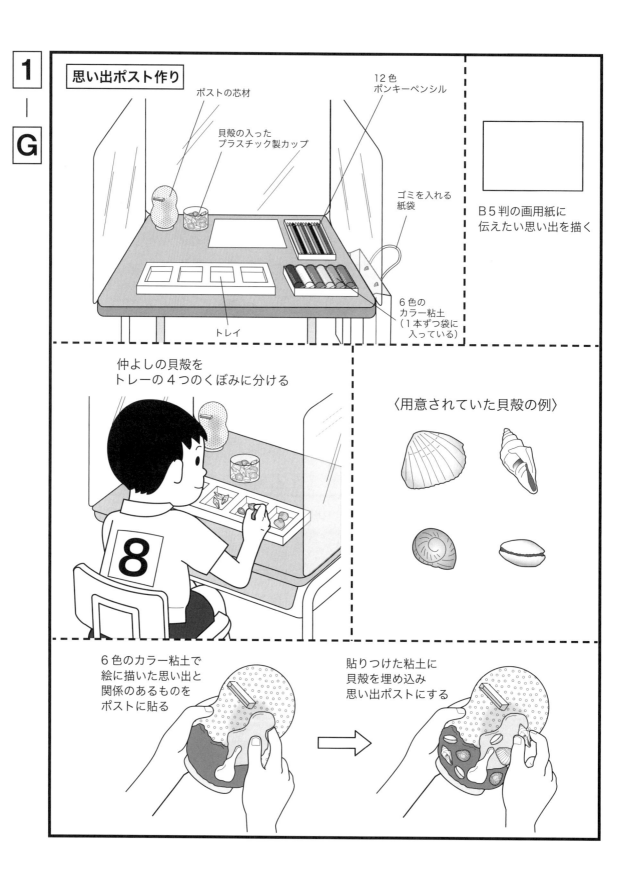

1—G 思い出ポスト作り

ポストの芯材
貝殻の入った
プラスチック製カップ
12色
ポンキーペンシル
ゴミを入れる
紙袋
トレイ
6色の
カラー粘土
（1本ずつ袋に
入っている）

B5判の画用紙に
伝えたい思い出を描く

仲よしの貝殻を
トレーの4つのくぼみに分ける

〈用意されていた貝殻の例〉

6色のカラー粘土で
絵に描いた思い出と
関係のあるものを
ポストに貼る

貼りつけた粘土に
貝殻を埋め込み
思い出ポストにする

2 − A

ボウリングリレー

使用したボールを
置く場所

B

カード並べリレー

お手本

絵カード置き場

カードを並べる
マス目

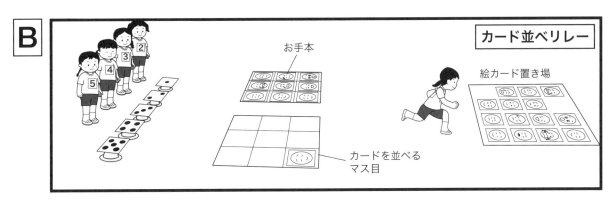

C ビンゴゲーム

フープくぐりリレー

E

自由遊び

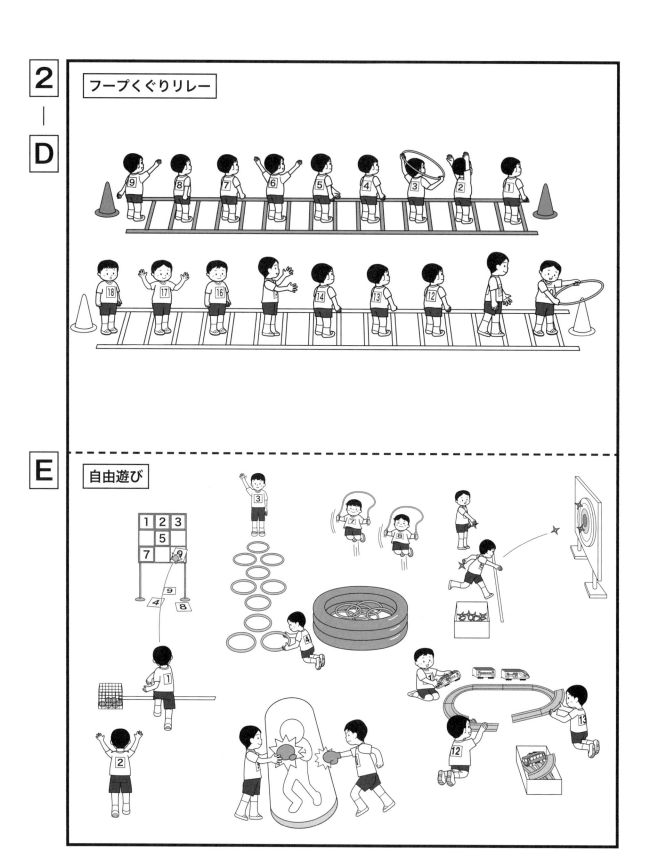

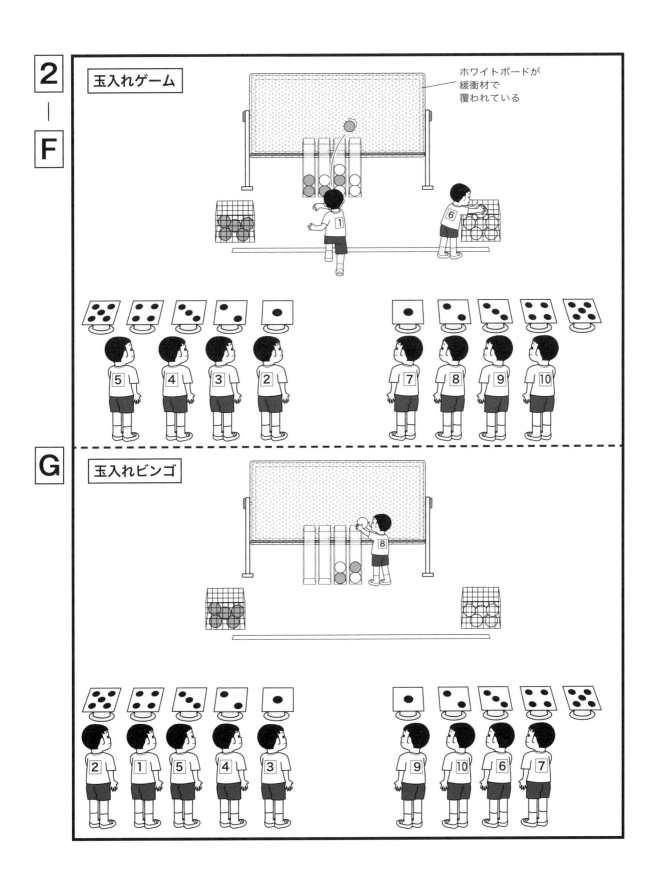

3 – A

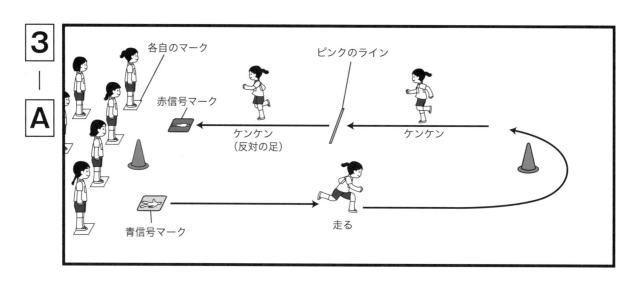

各自のマーク
ピンクのライン
赤信号マーク
ケンケン（反対の足）
ケンケン
青信号マーク
走る

B

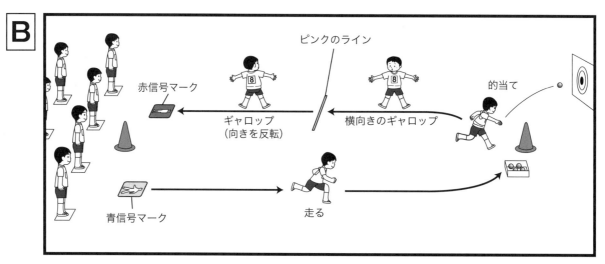

ピンクのライン
赤信号マーク
ギャロップ（向きを反転）
横向きのギャロップ
的当て
青信号マーク
走る

C

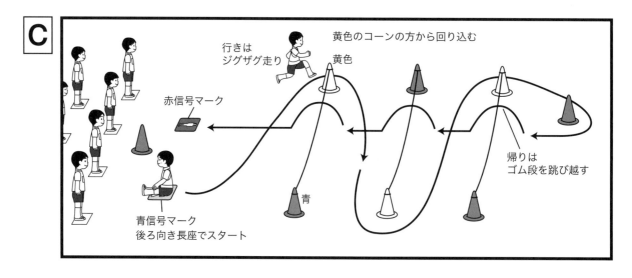

行きはジグザグ走り
黄色のコーンの方から回り込む
黄色
赤信号マーク
青
青信号マーク
後ろ向き長座でスタート
帰りはゴム段を跳び越す

section
2022 慶應義塾幼稚舎入試問題

■ 選抜方法

考査は女子が先の3日間、1日おいて男子が後の4日間という日程のうち、1日を指定される。男子・女子とも生年月日の年少者から約18人単位で集団テストと運動テストを行う。指定通りに体操服を着用して入校し、控え室でマスクと靴を替えてから考査会場に向かう。所要時間は約2時間。

┃ 集団テスト ┃

玄関で受験票を提示し、当日の内容や注意事項が書かれた印刷物(「すぐお読みください」)をもらう。控え室となっている教室の前でもう一度受験票を提示し、指示された番号の座席につき添い者と並んで座って待つ。集合時刻になったら、学校が用意したマスクにつけ替え、運動靴に履き替える。約10分後、受験票を持って並び、移動のときの注意事項(前の人を抜かさない、受験票を落とさない、おしゃべりをしない)と、マスクを外さないというお話を聞いてから出発する。途中の準備室で識別マーク(○、△、□、☆、♡などの形がそれぞれ赤、青、緑、黄色などの各色に分かれている)が各自に指定され、番号入りのシールを体の前後に貼付してから会場に向かう。考査会場の机や床には識別マークがついており、考査は自分の識別マークのところで行う。

1 絵画・制作

各自の机の上にポンキーペンシルやクレヨン(12色)が置かれ、課題に応じて画用紙やトレーに入ったスティックのり、セロハンテープ、はさみなどを使用する。机には感染防止用のパーティションが前面と側面に設置され、着席した状態で教室前方のモニターに流れる映像を観た後、課題を行う。

(女子)

Ⓐ箱の中に何が入っているか、ヒントを手掛かりに当てる遊びの映像を観る。6つの絵が描かれたB4判の台紙を点線で切り分け、1枚を選んで伏せ、残りは重ねて置く。隣の子とペアになり、伏せたカードの絵が何か、相手のヒントを手掛かりに当てる遊びを交互に行う。その後、20cm四方の画用紙に「あたたかいもの(または柔らかいもの)」をクレヨンで描き、それを使用してテスターにヒントを出し当ててもらう遊びを行う。

Ⓑ「女の子が宝箱を見つけて、開けると中から弟のサッカーボールが出てきた。大事にしまっておいたことを、弟は忘れてしまったようだ」というお話の映像を観た後、自分が

宝箱に入れたいものの絵を、10㎝四方の画用紙にクレヨンで描く。次に「飛び出すカードの作り方」の映像を観て、同じように作る。宝箱の絵が印刷されたＢ４判の台紙（半分に折られ、山折りになった部分の２ヵ所に赤い縦線が入っている）の赤い線に沿って切り込みを入れ、中に折り込む。先ほど描いた宝物の絵を、前面に押し出した部分にのりで貼りつけ、さらにＢ４判の画用紙に、その宝物にまつわる思い出をクレヨンで描く（グループにより、プレゼントが出てくる紙芝居を観た後、プレゼントの箱の飛び出すカードを作り、プレゼントしたいものを描いて貼り、プレゼントした後の様子の絵を描いた）。

C 「絵本作りが得意な妖精が、絵本の作り方を教えてくれる」というお話の映像を観る。その中で、「１本の木にペンダントをくわえたカラスが止まっている」という元の絵にキツネが描き足され、その後「カラスからペンダントをもらってキツネが大喜びする」という絵までお話が展開する様子を観る。あらかじめ絵の一部が描かれたＢ４判の台紙（３種）の中から１枚を選び、ポンキーペンシルで自由に絵を描き足す。さらに、その絵の続きを考え、Ｂ４判の白い画用紙にお話を展開させた絵を描く。

（男子）
D 「ゾウと消防車を合体させるなど、役に立つさまざまな乗り物を発明してきた乗り物博士が、新しい乗り物のアイディアを求めている」というお話の映像を観る。その後、自分で考えた乗り物を、直方体の白い箱をベースに色画用紙で細工をして作る（クレヨンは使わない）。さらに、その乗り物がどのようなことに役立つのか、Ｂ４判の画用紙にクレヨンで絵を描く。

E 「買い物ロボットが好きなものを買ってきてくれる」というお話の映像を観た後、青、赤、黄色の矢印が描かれた台紙を切り分ける。４×４のマス目がかかれた道の台紙のお家のマスからお店のマスまで、切り分けた矢印を置いてロボットが買い物に行き来する道を作る。矢印は青、赤、黄色の順を繰り返すように置くこと、往復の途中で必ず一度は充電スタンドのマスを通ってエネルギーを補給すること、というお約束がある。それを終えて台紙を裏返すと、５×５のマス目の台紙となる。先ほどのお約束に加え、木のマスは通れない、ロボットが方向を見失ってクルクル回ってしまうので同じ道は２回通らない、という追加のお約束を聞いてから同様に道を作る。矢印の道が作れたら、その矢印をのりで台紙に貼る。その後、15㎝四方の画用紙にロボットに買ってきてもらいたいものを描き、さらに買ってきてもらったらどうするのか、Ｂ４判の画用紙にクレヨンで絵を描く。

F 「桃太郎がオニから取り返した宝物を、再びオニに奪われた。桃太郎も家来の動物も年

を取り過ぎたため、孫の桃三郎が新たな3匹の家来とともに鬼ヶ島へ行くことになった」というお話の映像を観る。20匹のさまざまな生き物が描かれた台紙から、好きな3匹を選んではさみで切り取り、5cm四方の枠が並んだ台紙にのりで貼る。その後、選んだ3匹がオニ退治で活躍している様子を、B4判の画用紙にクレヨンで描く。

G「パズルで作ったものを本物に変えられる魔法使いが、自分のお店で売るものがないと困って助けを求めている」というお話の映像を観る。あらかじめパズルのピース用に線が引かれた15cm四方の台紙を切り分け、10枚のピースにする。枠はめパズルとして、補助線が全面に引かれたネコ、一部に引かれた家、外枠だけの四角いドーナツの順に台紙上で構成を行った後、お店で売るための商品として「普段お家でよく使う道具」をすべてのピースを使って作る。主な形をピースで作ってB4判の画用紙にのりで貼り、足りないところはクレヨンで描き足して仕上げる。

📖 言 語

絵画・制作の間にテスターから質問される。答えると、その動機となった思いや体験について質問が発展することがある。
- 何を描いていますか。どうしてそれを描くことにしたのですか。
- （当てっこ遊びのグループでは）これはどんなものですか。
- （絵本作りのグループでは）これはどんなお話ですか。その後どうなったのですか。
- （家来選びのグループでは）何を家来にしたのですか。その家来は鬼ヶ島でどんな活躍をしたのですか。

2 行動観察

グループに分かれ、以下の4種類のゲームのいずれかを行う。内容は試験日やグループによって異なる。

A
- 玉入れゲーム…9人程度のグループとなる。カゴを中心に半円状に配置された人数分のバケツに玉が入っている。それぞれバケツの後ろに立ち、合図とともにカゴに向かって玉入れをする。上手投げではなく必ず下手で投げることや、バケツの後ろから投げるよう指示がある。玉入れ後にテスターが落ちた玉をバケツ近くまで寄せたら、自分たちで玉を拾いバケツに入れて片づけ、次の塔倒しゲームに備える。
- 塔倒しゲーム…玉入れゲームと同じセッティングで、中央のカゴに替えて5本の塔が置かれる。5本のうち1本だけ高く、ほかの4本よりやや後方に配置され、各々の塔には怪獣の絵が貼られている。合図とともに玉を投げてぶつけ、すべての塔を倒したら終了となる。上手投げではなく必ず下手で投げる

こと、先に低い４本の塔をすべて倒してから、高い塔を狙うことなどのお約束を聞いてから行う。

B

・枠はめリレー…４、５人１組のグループになり、１～５のサイコロの目のプレートが貼られたミニコーンのある待機位置に並ぶ。丸、四角、バツの形の枠が２つずつかかれた透明のシートと、２つずつ組み合わせるとそれぞれの枠にピッタリはまる12個のブロックを使う。リレー形式で１人１つずつブロックをシートへ運んで枠にはめていき、すべての枠にいち早くブロックをはめられたチームの勝ち。１回に１つずつしかブロックを運べないこと、前の人がスタートしたら待機位置を１つずつ前に詰めること、前の人が列に戻ってから次の人がスタートすることなどのほか、前の人が置き方を間違えていたら後の人が直してもよいことなどが指示される。

・タワー作りリレー…枠はめリレーと同じセッティングで、シートの代わりにフープが置かれる。リレー形式でブロックを１人２つずつ運び、フープ内に高く積んでいく。時間内にできるだけ高いタワーを作ったチームの勝ち。枠はめリレーでの列や待機位置に関する指示に加え、１回に１人２つブロックを運ぶことや、塔が崩れた際には次の人が崩れたブロックを直してよいことなどを追加で指示される。

C

・道作りリレー…４、５人１組のグループになり、１～５のサイコロの目のプレートが貼られたミニコーンのある待機位置に並ぶ。赤、青、黄色の三角形と四角形、白の六角形のカードと、動物園やスーパーマーケットなど町にあるさまざまな施設が描かれた絵カードが、カード置き場に置かれている。それとは別に、お家から公園までの道がカードをつなげて作られているお手本の絵が示される。お手本を見ながら、リレー形式で１人ずつ道作りに必要なカードを持ってきて、床の上につなげていく。お手本と同じ道が完成したらお手本を１枚めくり、さらに道が足された次のお手本に従って道を延ばしていく。１人２枚ずつカードを置くことや前の人がスタートしたら待機位置を１つずつ前に詰めること、前の人が列に戻ってから次の人がスタートすること、前の人が置き方を間違えていたら後の人が直してもよいことなどが指示される。２枚目のお手本の道が完成したら、完成した道の周囲にテスターが数枚の絵カードを配置し、その施設までの道を自由に作って遊ぶ。

D

・町作りリレー…４、５人１組のグループになり、１～５のサイコロの目のプレートが貼られたミニコーンのある待機位置に並ぶ。六角形のお家カード（屋根が

赤、青、黄色の３種類あり、さらにどの色もドアがついていたり窓しかなかったりなど数種類ある）がカード置き場に置かれている。それとは別に数種のお家カードを組み合わせて作った、ハニカム構造の町並み図がお手本として示される。お手本を見ながら、リレー形式で１人ずつカード置き場から家カードを持ってきて、床の上にお手本と同じ町並みを作る。完成したらお手本を１枚めくり、さらにお家が足された次のお手本を見ながら、同じようにリレー形式でお家カードを置いていく。１人２枚ずつカードを置くことや、前の人がスタートしたら待機位置を１つずつ前に詰めること、前の人が列に戻ってから次の人がスタートすること、前の人が置き方を間違えていたら後の人が直してもよいことなどが指示される。

運動テスト

模倣体操

床にかいてある自分のマークの上に立ち、モニターに映るテスターのまねをして体操する。

・指の屈伸…１から10まで数えながら、上に伸ばした両手を親指から順番に折り、小指から順に開いていく。

・グーパージャンプ…グーで足をそろえてしゃがんだ後、ジャンプしながら手足を横に広げてパーのポーズをする。

・伸脚…両足を大きく開き片足を曲げて体重を乗せ、もう片方の足を伸ばす。

・前後屈…両足を開いて立ち、前屈と後屈を行う。

・両足跳び…自分のマークから前後左右に、テスターの指示に従って両足跳びをする。

・行進…マークの周りを行進し、合図で逆方向に向きを変えて行進する。

・片足バランス…飛行機のように両手を左右に広げ、片足を後ろへ伸ばして片足バランスを行う。左右の足とも５呼間ずつ行う。

③ 競　争

３つのコースを使っていくつかのパターンの連続運動を行う。自分のマークの上に立って待機していると、テスターに３つのコースのいずれかに移動するよう指示される。それぞれのコースのスタート地点には青信号と赤信号のマークがかかれており、青信号のマークからスタートする。折り返しのコーンを回ってゴールの赤信号マークの上に立ったら気をつけの姿勢で待つ（スタートの姿勢はスタンディングスタートのほか、長座や後ろ向きの長座などグループにより異なる）。

A青信号マークからスタートして走り、コーン手前の箱から布製の玉を1つ取って的をめがけて投げる。落ちた玉を拾って箱に戻し、スキップで折り返す。コースの途中にあるピンクのラインまで来たら、そこからケンケンでゴールの赤信号マークまで進む。

B青信号マークから横向きのギャロップでスタートし、コース途中のピンクのラインで体を反転させて向きを変え、コーンまで進む。コーンを回ったら走ってゴールの赤信号マークまで進む。

C青信号マークからスタートして走り、3本のゴム段の間をジグザグに走る。一番奥のコーンを回って折り返し、帰りは3本のゴム段を跳び越しながらゴールの赤信号マークまで走る（3本のゴム段のうち2本目や3本目だけをくぐるなど、グループにより異なる）。

1

A

当てっこ遊び

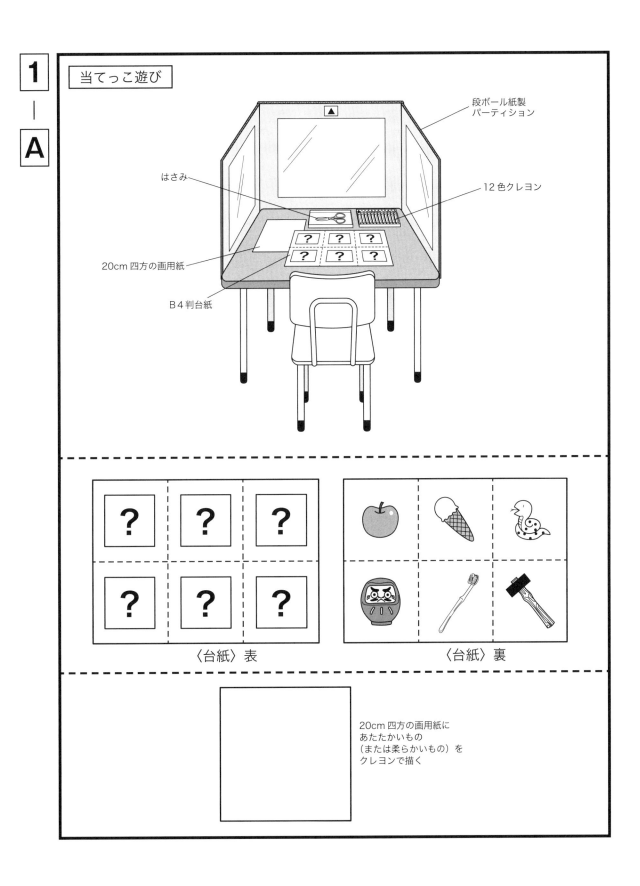

段ボール紙製
パーティション

はさみ

12色クレヨン

20cm 四方の画用紙

B4判台紙

〈台紙〉表

〈台紙〉裏

20cm 四方の画用紙に
あたたかいもの
（または柔らかいもの）を
クレヨンで描く

1 — B

宝箱（またはプレゼントの箱）作り

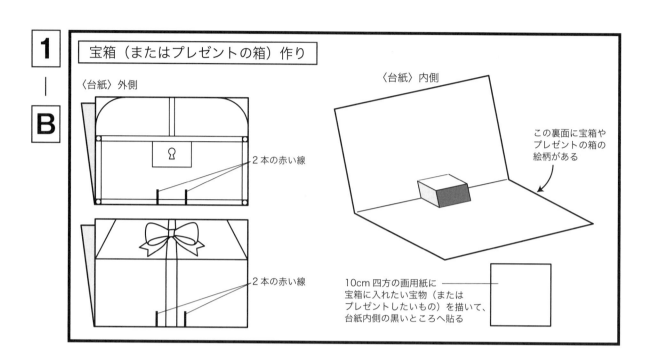

〈台紙〉外側

2本の赤い線

2本の赤い線

〈台紙〉内側

この裏面に宝箱やプレゼントの箱の絵柄がある

10cm 四方の画用紙に宝箱に入れたい宝物（またはプレゼントしたいもの）を描いて、台紙内側の黒いところへ貼る

C

絵本作り

【映像のイメージ図】

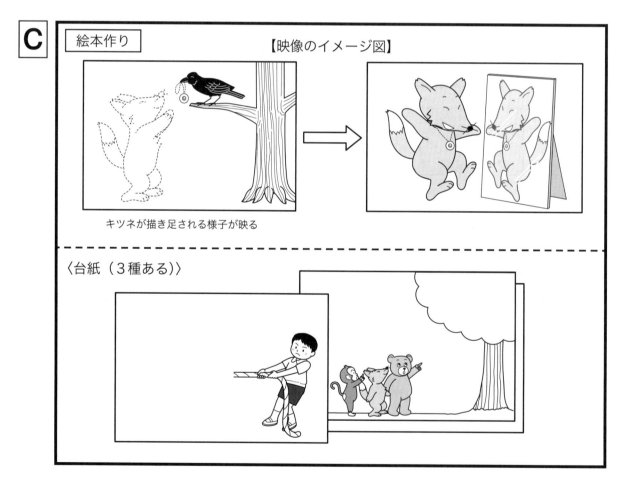

キツネが描き足される様子が映る

〈台紙（3種ある）〉

1 − D

乗り物作り

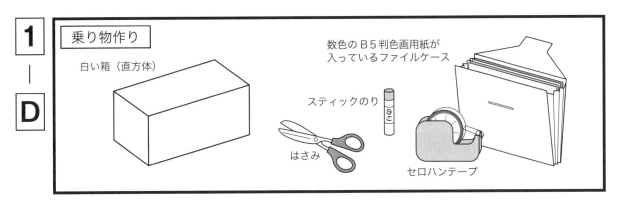

白い箱（直方体）

数色のB5判色画用紙が
入っているファイルケース

スティックのり

はさみ

セロハンテープ

E

道作り

〈矢印の台紙〉

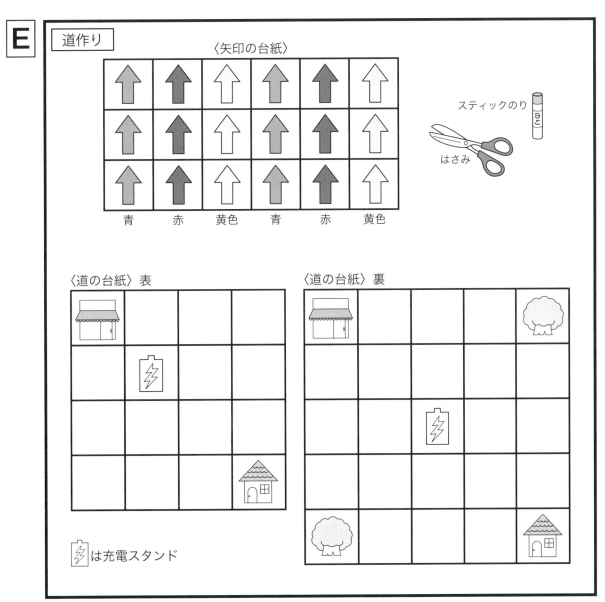

青　赤　黄色　青　赤　黄色

スティックのり

はさみ

〈道の台紙〉表

〈道の台紙〉裏

🔋は充電スタンド

1 − F

家来選び

〈生き物の台紙〉

〈枠の台紙〉

スティックのり

12色クレヨン

1ーG

パズル遊び

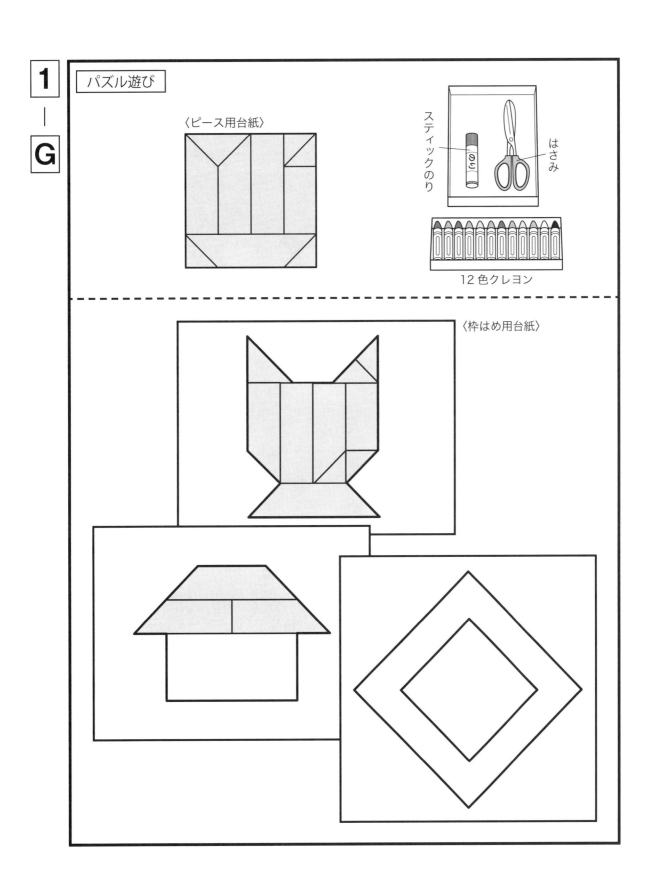

〈ピース用台紙〉

スティックのり

はさみ

12色クレヨン

〈枠はめ用台紙〉

2—A

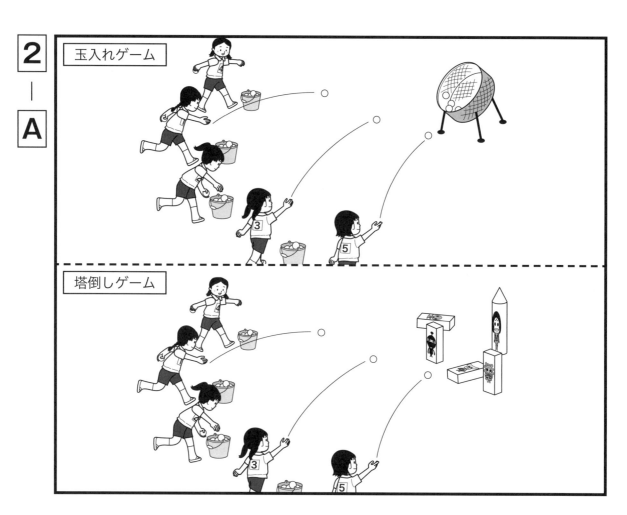

玉入れゲーム

塔倒しゲーム

B

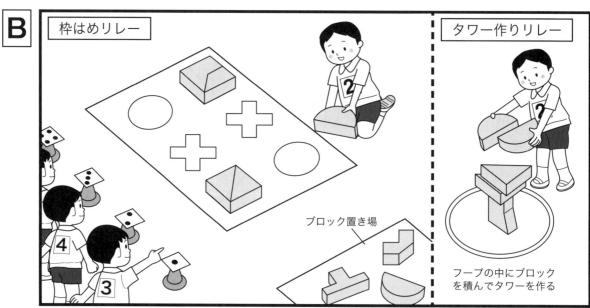

枠はめリレー

タワー作りリレー

ブロック置き場

フープの中にブロック
を積んでタワーを作る

2
C

道作りリレー

【お手本】

家や公園などの施設が
描かれた絵カードと、
三角形、四角形、六角形の
カード

D

町作りリレー

【お手本】

黄色い屋根

赤い屋根

青い屋根

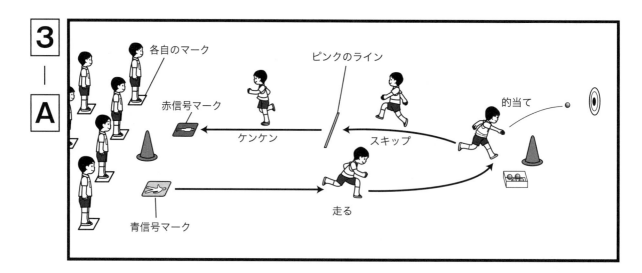

3-A

各自のマーク
赤信号マーク
ケンケン
ピンクのライン
スキップ
的当て
走る
青信号マーク

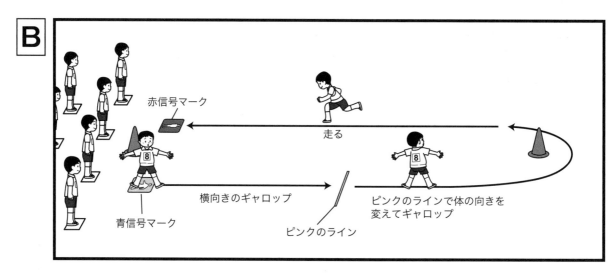

B

赤信号マーク
走る
青信号マーク
横向きのギャロップ
ピンクのライン
ピンクのラインで体の向きを
変えてギャロップ

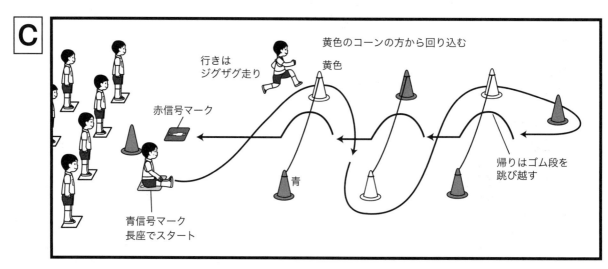

C

行きは
ジグザグ走り
黄色のコーンの方から回り込む
黄色
赤信号マーク
青
帰りはゴム段を
跳び越す
青信号マーク
長座でスタート

2021 慶應義塾幼稚舎入試問題

^{section}

■ 選抜方法

考査は女子が先の3日間、1日おいて男子が後の4日間という日程のうち、1日を指定される。男子・女子とも生年月日の年少者から約18人単位で集団テストと運動テストを行う。指定通りに体操服を着用して入校し、控え室で荷造りをしてから考査会場に向かう。所要時間は約2時間。

■ 集団テスト

玄関で受験票を提示し、当日の内容や注意事項が書かれた印刷物（「すぐお読みください」）をもらう。控え室となっている教室の前でもう一度受験票を提示し、指示された番号の座席に保護者と並んで座って待つ。呼び出し時刻になったら指示通り荷造りをし、運動靴に履き替える。約10分後、受験票と荷物を持って並び、移動のときの注意事項（前の人を抜かさない、受験票を落とさない、おしゃべりをしない）を聞いてから出発する。途中の準備室で識別マーク（○、△、□、☆、♡などの形がそれぞれ赤、青、緑、黄色などの各色に分かれている）が各自に指定され、番号入りのシールを体の前後に貼付してから会場に向かう。考査会場のいすや床には識別マークがついており、考査は自分の識別マークのところで行う。

1 絵画・制作

各自の机の上にポンキーペンシルやクレヨン（12色）が置かれ、課題に応じて袖机の上の画用紙や折り紙、トレーに入った鉛筆、消しゴム、スティックのり、セロハンテープ、はさみなどを使用する。机には感染防止用のパーティションが前面と側面に設置され、着席した状態で教室前方のモニターに流れる映像を観た後、課題を行う。

（女子）

Ａ もしも今、旅行に行けるとしたら持って行きたいものを3つ決めて、Ｂ6判の画用紙1枚ずつにそれぞれクレヨンで描く。描いたもの3つのうち1つを選んで、それを旅行先で使っている様子をＢ4判の画用紙に描く。

Ｂ 映像で3種類の折り紙を折る様子を見た後、同じように折る（ネコの顔、ヨット、五角形）。折った3種類の折り紙のうち1つを選び、スティックのりで画用紙に貼った後、その折り紙の形を生かしてクレヨンで絵を描く（形を生かせるなら、2つでも3つでも貼ってよい）。

C 「あるところに魔法使いの親子がいて、お父さんが子どもに魔法を教えようとしている。
それは葉っぱを何か別のものに変身させる魔法で、お父さんは、手のような形をしたヤ
ツデの葉っぱを野球のグローブに変身させて見せた」というお話を映像で観る。その後、
9種類の葉の写真（上段左からマツ、モミジ、イチョウ、カキ、ハナミズキ、下段左か
らプラタナス、カシワ、ヒイラギ、サトイモ）がカラーで印刷された用紙の点線部分を
はさみで切り、貼付用の台紙の3つの区画に仲間に分けてスティックのりで貼る。最後
に9枚のカードのうち1枚を選んで赤いクレヨンで○をつけ、そのカードの葉をお話に
出てきた子どもの魔法使いが何かに変身させたところを想像して、その様子をクレヨン
で画用紙に描く。

（男子）
D 野菜を八百屋へ運んだり、魚を水族館へ運んだりするトラックのお話を映像で観る。そ
の後、B5判の画用紙に印刷されたトラックの荷台に、自分が乗せて運びたいものをポ
ンキーペンシルで描き、机の上のスタンドに差し込んで立てる。描いたものをどこへ何
のために運ぶのかを考えて、届けている様子や受け取った人の様子などをB4判の画用
紙に描く。

E ロボットが掃除やイヌの散歩、かけっこなどさまざまなことを手伝ってくれたり、一緒
にしてくれるというお話の映像を観た後、各自の机の上に固定されている木製のデッサ
ン人形を使って、映像と同じポーズ（窓をふいたり、ぞうきんがけをしたりするポーズ）
をとらせて遊ぶ。その後、ロボットと一緒に何をしたいか、またはロボットに何をさせ
てみたいかを考えて、その様子を絵に描く。ロボットの動作は人形を使い確かめながら
鉛筆と消しゴムを使用して描き、ロボット以外の部分はポンキーペンシルで描く。

F 「先生が山登りをすることになった。1人で登るのは寂しいと思っていたらお友達が一
緒に登ってくれたので、とてもうれしく思い、そのお礼の気持ちをメダルにして渡した」
というお話を映像で観る。その後、コースターやアルミホイル、リボンを使い、指示通
りにメダルを制作する。できあがったら机の上のメダルラックに立てかけて飾り、誰か
にありがとうと言ってお礼にメダルを渡すとしたら、それは誰に何をしてもらったとき
かを考え、その様子をクレヨンで画用紙に描く。誰かが何かを一生懸命頑張ったときに
メダルを渡すという設定で、その頑張っている様子を絵に描いたグループもあった。

G 「宇宙飛行士がロケットで宇宙を航行中、一緒にロケットに乗っていた9人の宇宙人た
ちが、いつの間にか10人に増えていた。実は、いたずら好きの宇宙お化けが1人、宇宙
人になりすましてまぎれ込んでいた」というお話を映像で観る。その後、机の上にある
用紙に描かれた10人の個性豊かな宇宙人のうち、宇宙お化けだと思うものに赤いクレヨ

ンで○をつける。最後に、元の姿に戻ろうとしたが戻れなくなり、泣き出してしまった宇宙お化けを元気づけるために、地球に連れていってどんなことをするか考え、その様子をクレヨンで画用紙に描く。

言　語

絵画・制作の間にテスターから質問される。答えると、その動機となった思いや体験について質問が発展することがある。

・何を描いていますか。それはどうして描くことにしたのですか。

・(葉っぱを仲間に分ける課題を行ったグループで) どうしてこのように分けたのですか。

・(宇宙お化けを見つける課題を行ったグループで) どうしてこれが宇宙お化けだと思ったのですか。

運動テスト

模倣体操

ジャンケンのポーズ遊びをして気分と体をほぐした後、床にかいてある自分のマークの上に立ち、テスターのまねをして体操する。

・指の屈伸…1から10まで数えながら、上に伸ばした両手を親指から順番に折り、小指から順に開いていく。

・手遊び…グーパーやグーグーチョキなど、ジャンケンの手まねをリズムに合わせて行う。

・前後屈…両足を開いて立ち、前屈と後屈を行う。

・両足跳び…自分のマークの前後左右にある丸、三角、四角、バツ印を使って、テスターの指示に従って印の上を両足跳びで移動する。

・ケンケン…右へ右足で6歩ケンケンをした後、左へ左足で6歩ケンケンをして戻る。

・飛行機バランス…テスターの「3、2、1、発射！」の掛け声に合わせて、両手を頭上で合わせてロケットが発射するようにジャンプする。着地後、飛行機のように両手を左右に広げ、片足を後ろへ伸ばして、「やめ」の合図があるまで片足バランスを行う。

・グーパージャンプ…グーで足をそろえてしゃがんだ後、ジャンプしながら手足を横に広げてパーのポーズをする。

・行進…その場でリズムに合わせて行進する。

2 競　争

3つのコースを使っていくつかのパターンの連続運動を行う。コース脇の床にかかれた足跡マークの上に立って並び、先頭の人から順に3つのコースのいずれかに移動するよう指

示される。それぞれのコースのスタート地点には青信号と赤信号のマークがかかれており、青信号のマークからスタートする。折り返しのコーンを回ってゴールの赤信号マークの上に立ったら気をつけの姿勢で待つ。テスターに声をかけられたら列に戻り、最後尾の足跡マークに立って待つ（スタートの姿勢はスタンディングスタートのほか、長座や片足バランスなどグループにより異なる）。

Ⓐ青信号マークからスタートして走り、コーンを回ったらゴールの赤信号マークまでスキップをする。

Ⓑ青信号マークから横向きのギャロップでスタートし、コース途中のピンクのラインで体を反転させて向きを変え、コーンまで進む。コーンを回ったらケンケンで折り返し、ピンクのラインで左右の足を替え、ゴールの赤信号マークまで進む。

Ⓒ青信号マークからスタートして走り、3本のゴム段の間をジグザグに走る。一番奥のコーンを回って折り返し、帰りは3本のゴム段を跳び越しながらゴールの赤信号マークまで走る（3本のゴム段のうち2本目や3本目だけをくぐるなど、グループにより異なる）。

1

—A

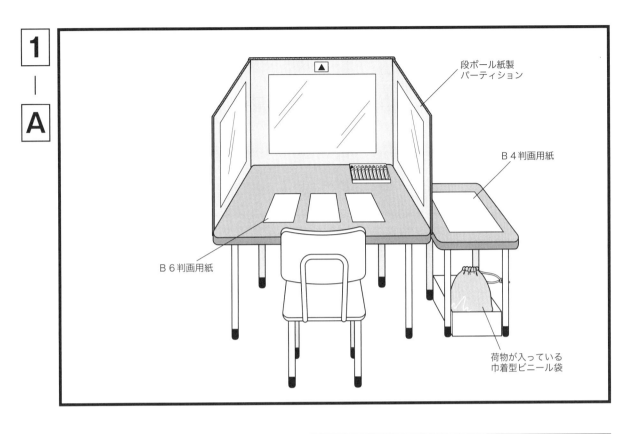

段ボール紙製
パーティション

B4判画用紙

B6判画用紙

荷物が入っている
巾着型ビニール袋

B

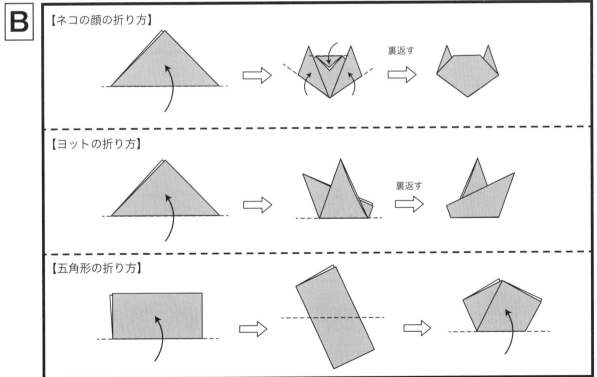

【ネコの顔の折り方】

裏返す

【ヨットの折り方】

裏返す

【五角形の折り方】

1 — C

【葉の台紙】

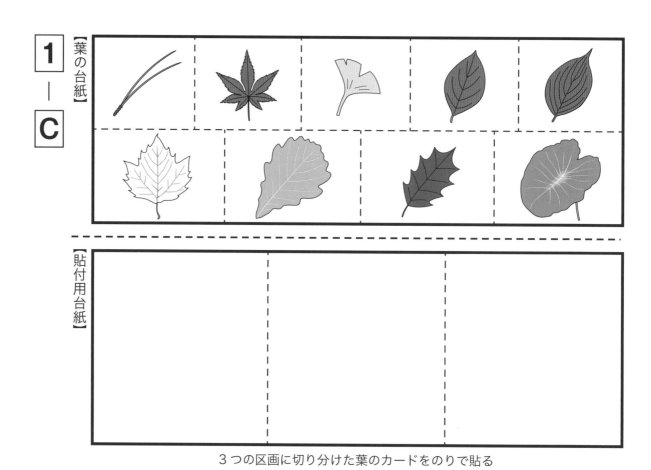

【貼付用台紙】

3つの区画に切り分けた葉のカードをのりで貼る

D

【トラックの台紙】

乗せて運びたいものをここに描く

1
E

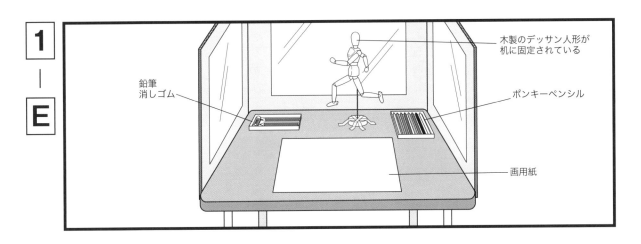

木製のデッサン人形が
机に固定されている

鉛筆
消しゴム

ポンキーペンシル

画用紙

F

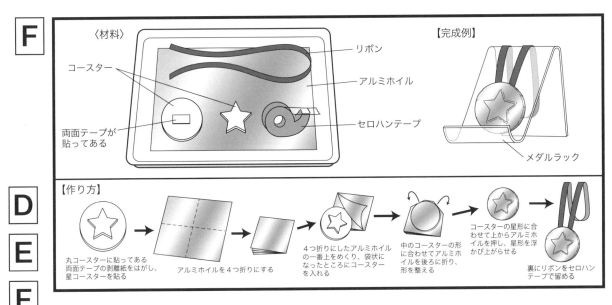

〈材料〉

コースター

両面テープが
貼ってある

リボン

アルミホイル

セロハンテープ

【完成例】

メダルラック

D
E
F

【作り方】

丸コースターに貼ってある
両面テープの剥離紙をはがし、
星コースターを貼る

アルミホイルを４つ折りにする

４つ折りにしたアルミホイル
の一番上をめくり、袋状に
なったところにコースター
を入れる

中のコースターの形
に合わせてアルミホ
イルを後ろに折り、
形を整える

コースターの星形に合
わせて上からアルミホ
イルを押し、星形を浮
かび上がらせる

裏にリボンをセロハン
テープで留める

G

2－A

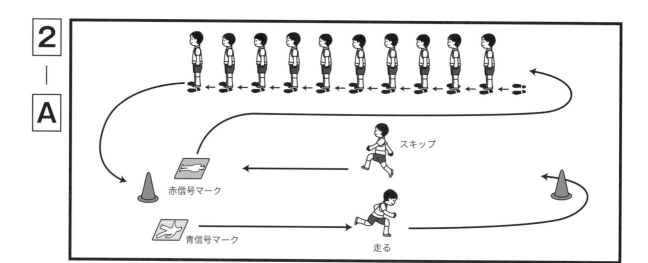

スキップ

赤信号マーク

青信号マーク

走る

B

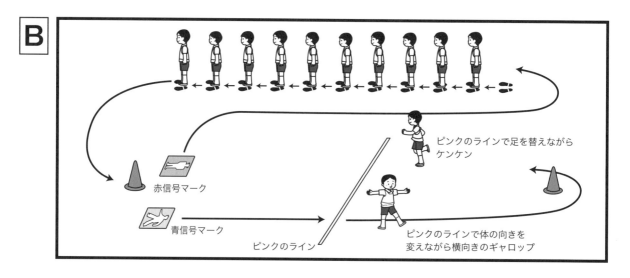

ピンクのラインで足を替えながら
ケンケン

赤信号マーク

青信号マーク

ピンクのライン

ピンクのラインで体の向きを
変えながら横向きのギャロップ

C

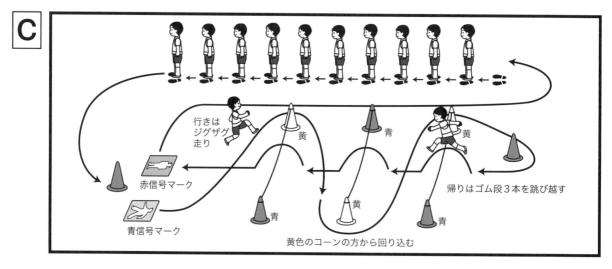

行きは
ジグザグ
走り

黄

青

黄

青

赤信号マーク

帰りはゴム段3本を跳び越す

青信号マーク

黄

青

黄色のコーンの方から回り込む

2020 慶應義塾幼稚舎入試問題

■ 選抜方法

考査は女子が先の2日間、1日おいて男子が後の4日間という日程のうち、1日を指定される。男子・女子とも生年月日の年少者から約24人単位で集団テストと運動テストを行う。指定通りに体操服を持参し、控え室で着替えてから考査会場に向かう。所要時間は約1時間40分。

▌ 集団テスト

玄関で受験票を提示し、当日の内容や注意事項が書かれた印刷物(「すぐお読みください」)をもらう。控え室となっている教室の前でもう一度受験票を提示し、指示された番号の座席に保護者と並んで座って待つ。呼び出し時刻になったら指示通り体操服に着替え、運動靴に履き替える。約10分後、受験票を持って並び、移動のときの注意事項(前の人を抜かさない、受験票を落とさない、おしゃべりをしない)を聞いてから出発する。途中の準備室で識別マーク(○、△、□、☆、♡などの形が、それぞれ赤、青、緑、黄色などの各色に分かれている)が各自に指定され、ランニング型のゼッケンを装着してから考査会場に向かう。考査会場のいすや床には識別マークがついており、考査は自分の識別マークのところで行う。

1 絵画・制作

各自の机の上にポンキーペンシルやクレヨン(12色)が置かれ、課題に応じて袖机の上の画用紙やトレーに入ったスティックのり、セロハンテープ、はさみなどを使用する。そのほかの材料は室内の机の上に用意され、必要に応じて取りに行く。課題は試験日によって異なる。

(女子)

Ⓐテスターから、博士が緑、黄色、赤、青の不思議なボタンを発明したお話を聞く。緑のボタンは押すと体が柔らかくなり、黄色は硬く、赤は大きく、青は小さくなる。もし自分が赤か青のボタンを押したらそれぞれどんなことをしたいか、画用紙にクレヨンで描く(ほかに、赤のボタンを押すとびっくりするようなこと、青は楽しいことが起きるという設定のグループもあった)。

Ⓑ飲み物だけでなくお菓子やうどん、バナナなどさまざまなものが売られている自動販売機があるというお話を、実物の写真を見ながらテスターから聞く。その後、これまで見

たことのない、こんなものを売っていたらいいなと思う自動販売機を考えて、中央下部を四角く切り取った画用紙にポンキーペンシルで描く。さらにその自動販売機で売っている品物を6色のカラー粘土を使って作る。制作後、自動販売機の絵を描いた画用紙を机の上のスタンドに立て、自分は自動販売機役になり、テスターたちはお客さん役になって買いに来たり、自動販売機の絵や品物についてたずねたりする（ほかに、誰かが困っているときに役に立つものが売っている自動販売機を描き、その自動販売機で売られている商品を色画用紙と折り紙で作ったグループもあった）。

（男子）

C 墜落したUFOから宇宙人を助けたお礼に宇宙人の住む星へ連れていってもらうお話をテスターから聞き、どんな宇宙人かを考えて6色のカラー粘土で作る。その後、宇宙人とどのようなところへ行って何をするかクレヨンで描く（ほかに、与えられた紙袋をベースにして色画用紙や折り紙を貼りつけるなどして宇宙人を作ったグループもあった）。

D テスターから、飲むと何でもできるようになる魔法のジュースのお話を聞く。その後、与えられたストローとふたのついたプラカップをベースに、折り紙、セロハン、紙テープ、モールなどを使い、飾りつけもして魔法のジュースを作る。さらに、できあがった魔法のジュースを飲んでどんなことがしてみたいかをクレヨンで描く（ほかに、魔法のジュースを飲むと自分だけでなく周りの人にも魔法がかかるという設定のグループもあった）。

E テスターから、誰も行ったことのない島に着き、そこにはめったに見られない珍しい生き物がたくさんいたというお話を聞く。その後、一眼レフ、超望遠レンズつき、薄型コンパクト、ドローン搭載型などさまざまなタイプのカメラの写真を見せられ、与えられた小さな薄手の段ボール箱をベースに、紙コップ、折り紙、モールなどを使ってめったに見られない珍しい生き物が撮影できる特別なカメラを作る。さらに、そのカメラで撮影する生き物とそれを撮影している自分の様子をクレヨンで描く（ほかに、こんな生き物がいたらよいと思う空想の生き物と、それを撮影している自分の様子を描いたグループもあった）。

F テスターから、願いをかなえてくれる魔法のカードのお話を聞く。その後、水色、ピンク、黄色のB6判の画用紙の中から1枚を選んで、魔法のカードらしいデザインをクレヨンで描く。さらに、描いた魔法のカードではどんな魔法が使えるのかを1人ずつ発表する。発表を聞いた後、誰が描いた魔法のカードを使ってみたいと思ったか、その魔法のカードを使ってやってみたいことをクレヨンで描く。

📓 言　語

絵画・制作の間にテスターから質問される。答えると、その動機となった思いや体験について質問が発展する。

・何を描いていますか。それはどうして描くことにしたのですか。

・何を作っていますか。それはどうして作ることにしたのですか。

2 行動観察

3、4つのチームに分かれ、チームごとに異なる色のリストバンドをつけて以下の4種類のゲームのいずれかを行う。内容は試験日によって異なる。

A ボウリングゲーム…鈴の入ったペットボトルをピンにしてボウリングをする。大中小の3種類の大きさのボールを使用する。最初は大きいボールを使って、決められた線から1人1投ずつ転がす。倒れたピンはそのまま残して次の人にボールを渡し、すべてのピンが倒れるまで順番に同じボールを転がしていく。すべてのピンが倒れたら、そのときボールを転がした人がボールを指定のボール置き場に置き、ほかの人は倒れたピンを元に戻す。その後、今度は中くらいの大きさのボールを使って先ほどと同じ要領でボウリングを行う。中くらいの大きさのボールですべてのピンを倒した後は小さいボールでも同様に行い、一番早く3球ともボール置き場に置いたチームの勝ち（男子はより倒しやすいピンの並べ方を相談してから行ったり、相手チームに倒されにくいピンの並べ方を相談し並べた後に、場所を入れ替えて行ったりした）。

B しりとりゲーム…24枚程度の絵カードが床に並べられている。その脇の平均台に絵カードが1枚裏返しで立てかけられており、その絵カードを表にしてゲームを始める。平均台に立てかけられた絵カードにしりとりでつながる絵カードを床の上から1枚選び、同じように平均台に立てかけて次の人に交替する。1人1枚ずつ順番にしりとりでつながる絵カードを選んで置いていき、制限時間内により多く絵カードを並べたチームの勝ち。途中でつながる絵カードがなくなったり、選べなくなった場合は、どんなカードにもつなげることのできるミラクルカードを使うことができる。ミラクルカードはチームごとに2枚用意されている。（男子は逆さしりとりのルールで同様の遊びを行った）。

C ボール運びゲーム（男子）…カゴの中にボールと風船が1つずつ、うちわと棒が2本ず

つ入っている。その隣の机には透明の筒が１本と、たくさんの小さな玉が入った箱が置いてある。２人１組になり風船は２本のうちわ、ボールは２本の棒を使って運び、コーンを回って戻ってくるリレーを行う。風船とボールのどちらを運ぶかは２人で相談し、必ず前の２人組が戻ってから運び始める。運び終えた２人組は、そのうち１人が机の上にある箱から小さな玉を１つ取って筒に入れる。終了の合図があった時点で、筒の中により多くの玉が入っていたチームの勝ち（ボールや風船を運ぶための道具に板を加えた場合もあった）。

D 神経衰弱ゲーム（男子）…24枚程度の絵カードが床に裏返しで並べられている。１人１枚ずつ順番に、床に伏せられた絵カードをめくっていく。めくった絵カードは元に戻さず次の人に交代し、同じ絵カードが出たらその２枚を平均台の上に置いていく。これをくり返して、制限時間内に多くのペアを作れたチームの勝ち（ほかに、一度に２枚めくって同じ絵カードが出たらその２枚を平均台の上に置き、違う絵カードが出たらその場所が確認できるようにチームに見せながら元に戻して次の人に託し、トランプの神経衰弱のように遊んだ場合もあった）。

運動テスト

🔲 模倣体操

床にかいてある自分のマークの上に立ち、テスターのまねをして体操する。

・指の屈伸…１から10まで数えながら、上に伸ばした両手を親指から順番に折り小指から順に開いていく。
・前後屈…両足を開いて立ち、前屈と後屈を行う。
・両足跳び…自分のマークの場所を中心に、両足跳びで前・右・後ろ・左の順に周回したり、後ろ・左・前・右で元のマークに戻ったりする。
・ケンケン…右へ右足で６歩ケンケンをした後、左へ左足で６歩ケンケンをして戻る。
・飛行機バランス…飛行機のように両手を左右に広げ、片足を後ろへ伸ばして片足バランスを行う。左右の足とも８呼間ずつ行う。
・グーパージャンプ…グーで足をそろえてしゃがんだ後、ジャンプしながら手足を横に広げてパーのポーズをする。

3 競 争

3つのグループに分かれて、さまざまなパターンの連続運動を行う。スタートの青い四角の手前にある黄色の線の上に立って並び、先頭の人から青い四角の上に立ってスタートする。折り返しのコーンを回ってゴールの赤い四角の中に入ったら気をつけの姿勢で待ち、テスターに声をかけられたら列の後方にあるコーンを回って黄色い線の上で列の後ろにつき、座って待つ（スタートの姿勢はそのときによりスタンディングスタート、長座、腹ばい、後ろ向きの体操座り、あおむけなどと異なる）。

Ⓐ青い四角からスタートして走り、コーンにタッチしながら回り、ゴールの赤い四角までスキップする（折り返した後はギャロップで戻ったり、ラダー（はしご状のマス目のトレーニング器具）を両足跳びで通ってからコーンを回りケンケンやスキップで戻ったりすることもあった）。

Ⓑ青い四角からスタートして走り、コーンにタッチしながら回ってケンケンで戻る。途中の線で足を替え、ゴールの赤い四角の前でテスターが笛や太鼓で「やめ」の合図をするまでボールつきをくり返す（ボールつきの代わりに縄跳びをしたり、ボールの投げ上げをくり返すこともあった）。

Ⓒ青い四角からスタートして、3本のゴム段の間をジグザグに走ってコーンを回って折り返す。帰りは3本のゴム段を跳び越しながらゴールの赤い四角まで走る（帰りにゴム段を跳び越すときに3本のうち真ん中または最後の1本をくぐったり、行きも帰りもゴム段を跳び越したりすることもあった）。

1

A

緑のボタン

黄色　赤　青

B

自動販売機の絵を立て
お店屋さんごっこ

テスターが買いに来たり、
何の販売機かとたずねて
まわる

穴から出る商品は
カラー粘土で作る

C

カラー粘土

クレヨン

画用紙

ゴミ袋

1 D

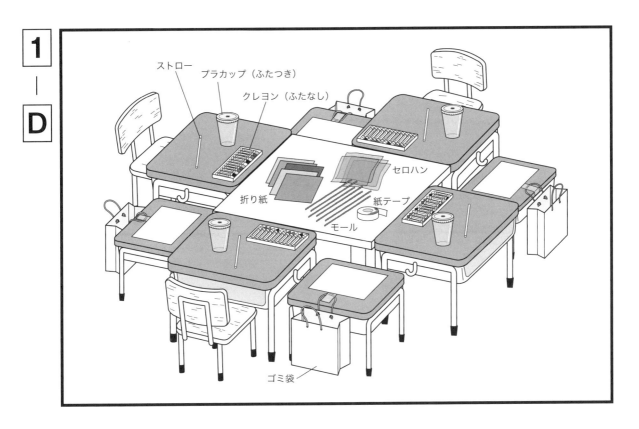

**D
E
F**

〈テスターより示された作品例〉

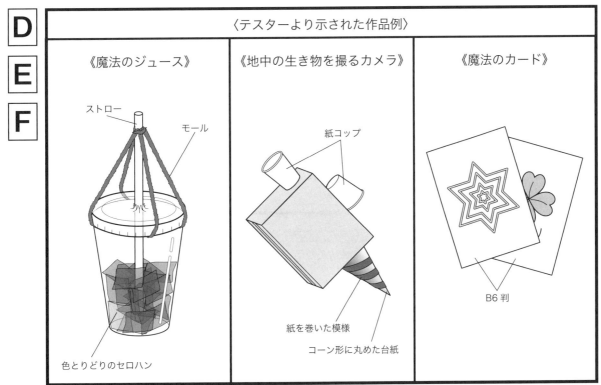

《魔法のジュース》　　　《地中の生き物を撮るカメラ》　　　《魔法のカード》

2–A

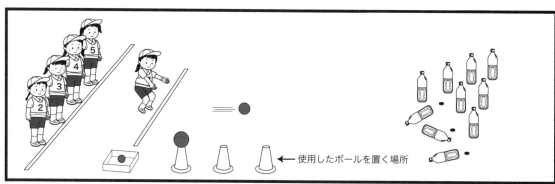

← 使用したボールを置く場所

B

ミラクルカード（台上）

C

D

050 page

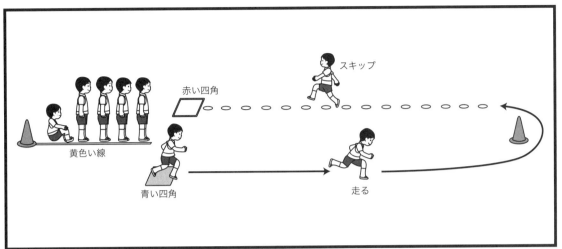

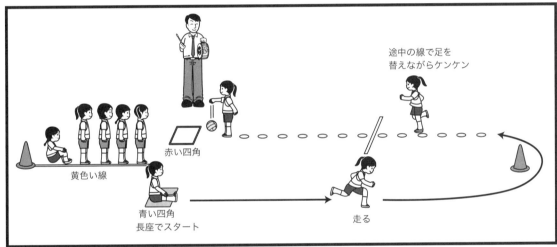

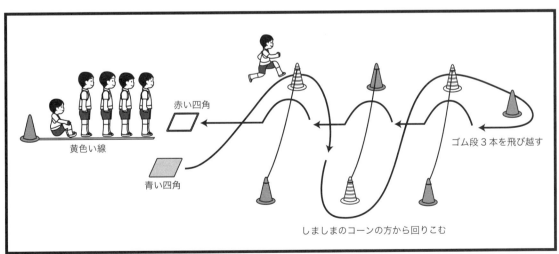

2019 慶應義塾幼稚舎入試問題

■ 選抜方法

考査は女子が先の3日間、1日おいて男子が後の4日間という日程のうち、1日を指定される。男子・女子とも生年月日の年少者から約20人単位で集団テストと運動テストを行う。指定通りに体操服を持参し、控え室で着替えてから考査会場に向かう。所要時間は約1時間40分。

┃ 集団テスト ┃

玄関で受験票を提示し、当日の内容や注意事項が書かれた印刷物（「すぐお読みください」）をもらう。控え室となっている教室の前でもう一度受験票を提示し、指示された番号の座席に保護者と並んで座って待つ。呼び出し時刻になったら指示通り体操服に着替え、運動靴に履き替える。約5分後、受験票を持って並び、移動のときの注意事項（前の人を抜かさない、受験票を落とさない、おしゃべりをしない）を聞いてから出発する。途中の準備室で識別マーク（○、△、□、☆、♡などの形が、それぞれ赤、青、緑、黄色などの各色に分かれている）が各自に指定され、ランニング型のゼッケンを装着してから考査会場に向かう。考査会場のいすや床には識別マークがついており、考査は自分の識別マークのところで行う。

1 絵画・制作

各自の机の上にクレヨン（12色）が置かれ、課題に応じて袖机のトレーに入った画用紙、スティックのり、セロハンテープ、はさみなどを使用する。そのほかの材料は室内の机の上などにあり、必要に応じて取りに行く。課題は試験日によって異なる。

（女子）

A 長さ約30cmのひもを高く持ち上げてから画用紙の上に落とし、できた線や形のままセロハンテープで固定する。この線や形を生かして、クレヨンで描き足して絵を描く。お手本として、同じようにして描かれた交差点の信号機や浜辺の貝の絵を見てから行う。どうしても何を描くか思い浮かばないときは、ひもを落とし直してもよいと指示がある。1枚描き終わったら、新たな画用紙とひもをもらって同じように行う。

B 室内に置かれたカゴの中から、好きな鈴やビーズを選んで紙コップに入れる。もう1つの紙コップと口を合わせてふたをし、セロハンテープで留めた後、クレヨンで紙コップに模様を描いてマラカスを作る。できあがったマラカスを振り、音楽に合わせて自由に

踊る。その後席に戻り、テスターから「このマラカスは音を鳴らすと願い事がかなう魔法のマラカスです」との話を聞いた後、一番の願い事を絵に描く。

C テスターと昔話や童話にちなんだクイズ遊びを行う（桃太郎の家来はイヌとサルのほかには何ですか、など）。その後、自分の好きなお話の世界に行けるとしたら何を持って行きたいかを考え、持って行きたいものをカラー粘土で作る。作ったものを持ってそのお話の世界に行ったらどんなことをしたいか、その様子を絵に描く。

（男子）

D テスターから、暗闇が苦手な男の子を助けてくれるスーパーヒーローのお話を2枚の絵を見ながら聞いた後、誰かがどこかで困っている様子を絵に描く。描き終わったら、もう1枚に困っている人を助けるスーパーヒーローを描く。

E テスターから、天狗とオニが宝物の自慢話をし合うお話を聞いた後、自分の宝物だと思うものをB5判の画用紙に描く。描き終わった絵を机の上のスタンドに立て、もう1枚のB4判の画用紙にその宝物を大事にしている様子を描く。

F テスターが示すムンクの「叫び」などの名画を何枚か見て、その絵のポーズをまねたりして遊んだ後、四角いミラーシートをプラスチックの板に貼り、台に挟んで卓上鏡を作る。中央部分を鏡に見立てて線で区切った画用紙に、卓上鏡を見ながら自分の笑っている顔、怒っている顔、泣いている顔のうち1つを自画像として鉛筆で描く。自画像の両側の余白には、その表情になった理由がわかるような絵をクレヨンで描く。

G テスターから合体研究所の研究発表として、消しゴムつき鉛筆や水陸両用車など2つのものを合体させて作った便利なものの紹介がある。その後、新開発のものとして帽子とヘリコプターを合体させたプロペラつき帽子をカラー粘土で作ったものを見せられ、皆さんにも考えてほしいと提案される。たくさんの品物が描いてある用紙の中から2つの品物を選び、それを合体させてできる新しい便利なものや面白いものを考えて、それを使っている様子を絵に描く。描き終わったら、カラー粘土でその品物を作る。

📖 言　語

絵画・制作の間にテスターから質問される。答えると、その動機となった思いや体験について質問が発展する。
・何を描いていますか。それはどうして描くことにしたのですか。
・何を作っていますか。それはどうして作ることにしたのですか。

2 行動観察

グループに分かれ、チームごとに異なる色の帽子をかぶって以下の5種類のゲームのいずれかを行う。内容は試験日によって異なる。

Ⓐ玉入れゲーム（女子）…3、4チームに分かれて行う。ビニールプールの中にバケツやシャベル、トング、おたま、卓球ラケットなどいろいろな道具が入っており、もう1つのビニールプールの中にはゴムボールが入っている。太鼓の合図で、ゴムボールを自由に選んだ道具を使ってさらに別の場所にあるビニールプールに運ぶ。次の太鼓の合図で使った道具を元の場所に戻し、運んだゴムボールで玉入れを行う。最後の太鼓の合図でゲームを終了し、元の場所に集まる。

Ⓑドンジャンケン…4チームに分かれて、幅30cmの長い台の上でドンジャンケンを行う。ジャンケンをして勝ったら前に進み、負けたら自分のチームの列に戻って後ろに並ぶ。ゴールラインの先にある相手チーム陣地に入ったら勝ち。次にルールを変更し、ジャンケンの勝敗がついたときにテスターが3種類のカードのうち1つを見せるので、カードごとのお約束に従って行動する。3種類のカードのお約束として、赤の丸は勝った人がそのまま進み、負けた人は降りる、黄緑の三角は2人ともコースから降りて次の人たちが台に上がる、青のバツは勝った人が降りて負けた人がコース上に残りそのまま進む。

Ⓒビンゴリレー…4チームに分かれて行う。コーン（3×3の計9個。4×4の16個のときもある）が床に置いてあり、コーンの上にゴムボールを載せてビンゴゲームを行う。2チームが交互に自分のチームの色のボールを持ってコーンに載せ、先に縦、横、斜めのいずれかにボールを3つまたは4つ並べたチームが勝ち。自分たちが勝つために、同じチームの人がアドバイスをしてもよい。

Ⓓコロコロゲーム（男子）…4チームに分かれて行う。50センチ角のマットが3×3の9枚並べて置いてあり、真ん中の1枚を外して作ったくぼみを的にして、そこにゴムボールを転がして入れる。ゲームは以下の3つのパターンで行う。
①チームごとに縦1列に並び、太鼓の合図で先頭の人から順番に2球ずつゴムボールを転がしてくぼみに入れる。次の太

鼓の合図でボールを転がすのをやめ、一番多くボールが入っていたチームの勝ち。

②①と同じように行うが、的の前に障害になるコーンが2つ置いてある。

③①と同じように行うが、的が手前にスロープのついたカゴになる。

E 島渡り競争（男子）…4チームに分かれて行う。島から島へ、マットを跳び石のように使って全員が渡り切る。3枚のマットを床に置き、一番先のマットまで進んだら、一番後ろのマットを手渡しで前へ送りその先に置いて渡る。これをくり返して向こうの島まで進んでいき、早く着いたチームが勝ち。島と島の間は海なので、マットから床に降りてはいけない。ゲームは以下の2つのパターンで行う。

①大きなマット（100cm四方）3枚を使って行う。

②小さなマット（50cm四方）4枚を使って行う。

運動テスト

📖 模倣体操

床にかいてある自分のマークの上に立ち、テスターのまねをして体操をする。

・指の屈伸…1から10まで数えながら、上に伸ばした両手を親指から順番に折り小指から順に開いていく。

・ひざの屈伸…ひざの曲げ伸ばしを行う。

・前後屈…両足を開いて立ち、前屈と後屈を行う。

・両足跳び…自分のマークの場所を中心に前・右・後ろ・左の順に両足跳びをする。2回くり返す。

・ケンケン・片足バランス…左へ左足で6歩ケンケンをした後、右へ右足で6歩ケンケンをする。そのまま8秒間、飛行機のように両手を左右に広げ、片足を後ろへ伸ばして片足バランスを行う。

・グーパージャンプ…グーで足をそろえてしゃがんだ後、ジャンプしながら手足を横に広げてパーのポーズをする。

・指合わせ…親指と人差し指の腹を合わせる「ＯＫ」と、親指と中指、薬指の腹を合わせる「キツネ」を交互にくり返し行う。

3 競　争

3つのグループに分かれて、以下の3つのパターンのいずれかを行う。それぞれのコースの両端にコーンがある。スタートの青い四角の手前にある黄色の線の上に立って並び、先頭の人から青い四角に入ってスタートする。折り返しのコーンを回ってゴールの赤い四角の中に入ったら気をつけの姿勢で待ち、テスターに声をかけられたら列の後方にあるコーンを回って黄色い線の上で列の後ろにつき、座って待つ（スタートの姿勢はそのときによりスタンディングスタート、長座、腹ばい、後ろ向きの体操座り、あおむけなどと異なる）。

Ⓐ青い四角からスタートして走り、途中にある2本の線と線の間を行き来した後コーンを回り、その後はゴールの赤い四角までスキップする。

Ⓑ青い四角からスタートして走り、途中に置いてあるボールを取ってコーンの先でボールを3回つく。走りながらボールを元の場所に戻し、そのままゴールの赤い四角まで走る（男子はボールつきではなく、壁にある的へのボール投げを行った）。

Ⓒ青い四角からスタートしてケンケンパーを3回くり返して進み、その後は走ってコーンを回る。ゴム段を3本跳び越してから、赤い四角まで走る。

1

A

B

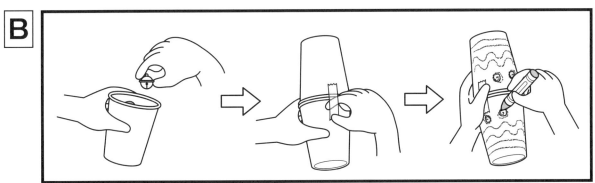

C

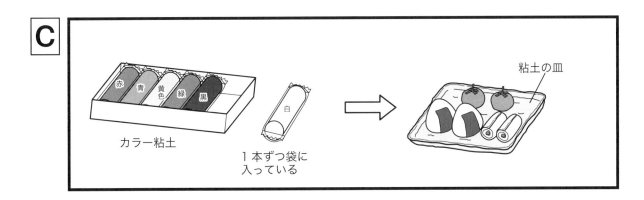

1
－
D

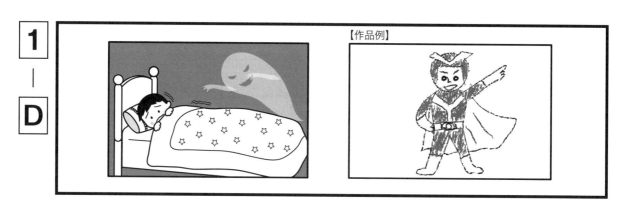

E

F

G

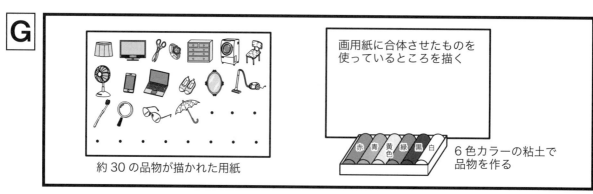

3 ─ A

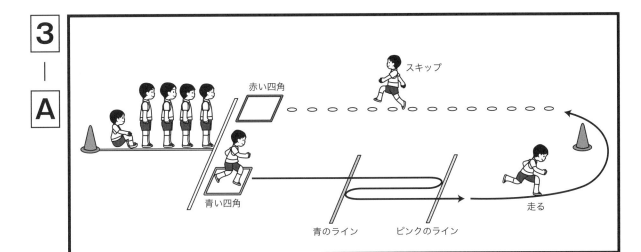

B

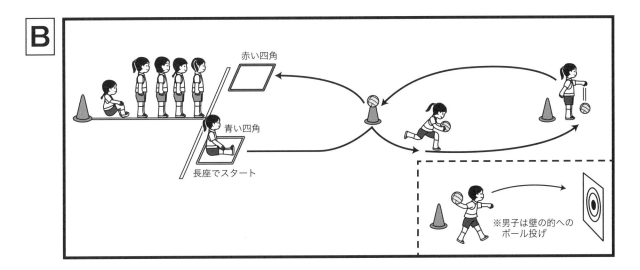

C

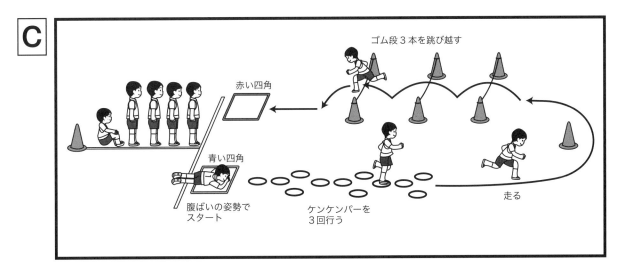

2018 慶應義塾幼稚舎入試問題

■ 選抜方法

考査は女子が先の2日間、1日おいて男子が後の3日間という日程のうち、1日を指定される。男子・女子とも生年月日の年少者から約20人単位で集団テストと運動テストを行う。指定通りに体操服を持参し、控え室で着替えてから考査会場に向かう。所要時間は1時間〜1時間40分。

▍ 集団テスト ▍

玄関で受験票を提示し、当日の内容や注意事項が書かれた印刷物(「すぐお読みください」)をもらう。控え室となっている教室の前でもう一度受験票を提示し、指示された番号の座席に保護者と並んで座って待つ。呼び出し時刻になったら指示通り体操服に着替え、運動靴に履き替える。約5分後、受験票を持って並び、移動のときの注意事項(前の人を抜かさない、受験票を落とさない、おしゃべりをしない)を聞いてから出発する。途中の準備室で識別マーク(○、△、□、☆、♡などの形が、それぞれ赤、青、緑、黄色などの各色に分かれている)が各自に指定され、ランニング型のゼッケンを装着してから考査会場に向かう。考査会場のいすや床には識別マークがついており、考査は自分の識別マークのところで行う。

1 絵画・制作

各自の机の上にクレヨン(12色)またはポンキーペンシルが置かれ、課題に応じて袖机のトレーに入った画用紙、スティックのり、セロハンテープ、はさみなどを使用する。そのほかの材料は前の机の上などにあり、必要に応じて取りに行く。課題は試験日によって異なる。

(女子)

Ａ テスターから「妹にあげるならフリルのかばん、おじいちゃんにあげるなら落とさないようフックがついているお財布、お友達にあげるならリュックサック」などの話を聞いた後、誰かにあげたいかばんを作る。画用紙の両端の線をはさみで切り、2つ折りにして両端をセロハンテープで留めてかばんにする。前の机に用意されているひもやモール、リボンなどを自由に使って持ち手を作ってセロハンテープで留める。かばんにはクレヨンで模様をかいてもよい。その後、かばんに入れたいものを小さなカードに描く。

Ｂ テスターから、物事には理由と結果があることを紙芝居のような絵カードを使って説明

される。その後、いろいろな人物（または動物）の笑っている顔、泣いている顔、怒っている顔、驚いている顔などが並んでいる用紙の中から好きな顔を2枚選んで切り取り、台紙の左右にある空いた四角に貼る。左から右の表情に変わった理由を考えて、画用紙にその絵を描く。

（男子）

C テスターから上のお手本のおにぎりの折り方を見せられた後、黒い折り紙でおにぎりを折る。折ったおにぎりをお弁当箱に見立てた画用紙に貼り、空いているところにはお弁当の中身をクレヨンで描き足す。その後テスターから、100倍力が出るおにぎり弁当の話を聞き、それを食べてどこで何をしたいか別の画用紙にクレヨンで絵を描く。

D テスターがロボット博士になり、作ったロボットの写真などを見せた後、自分ならどのようなロボットを作りたいか考えてその絵を描く。その後、直方体の白い箱を使って、描いたロボットを動かすためのリモコンを作る。

E テスターからパズルのピースの作り方と枠はめ遊びのやり方の説明を受けた後、白い折り紙にかかれた線をはさみで切って四角や三角を作る。できた四角や三角をパズルのピースにして、枠のみがかいてある台紙に合うように置いて枠はめ遊びを行う。その後、好きな色画用紙を前の机から持ってきて、その上にパズルのピースを自由に組み合わせて好きな形を作り、スティックのりで貼りつける。足りないところはクレヨンで描き足して仕上げる。

言 語

絵画・制作の間にテスターから質問される。

（女子）

・どのようなかばんを作っていますか。
・中には何を入れますか。それはどうしてですか。
・お顔の様子が変わったのはどうしてですか。

（男子）

・何を描いていますか。
・100倍力が出るおにぎりを食べて、どのようなことをしますか。
・これはどのようなロボットですか。
・このロボットをどのように動かすのですか。
・形を組み合わせて何の絵にしたのですか。

2 **行動観察**

5人程度のチームに分かれて、以下の3種類のゲームのいずれか1つを行う。内容は試験日によって異なる。

A バランスタワーゲーム…チームごとに拡大写真で示されたお手本と同じになるように、紙コップや発泡スチロールの長い板を使ってバランスタワーを作る。できたらお手本の横にあるベルを鳴らす。材料の紙コップはビニールプールの中にあるが、一度に運ぶ紙コップは2つまで、プールの中に入って取らないなどのお約束がある。

B ジャンケンチャレンジゲーム…チームごとに異なる色の帽子をかぶって行う。1人が3枚ずつコインを持ち、ほかのチームのお友達とジャンケンをする。勝ったらお友達からコインを1枚もらう。コインを5枚集めたら、積み木、玉入れ、縄跳び、なぞなぞの中から、1つを選んで挑戦する。挑戦に成功するたびに金メダルを首にかけてもらう。金メダルの合計が一番多いチームの勝ち。

C しりとりジェスチャーゲーム（男子）…2チーム対抗で行う。各チームから2人ずつ前に出て、テスターが最初に言ったものからしりとりでつながるものをジェスチャーで示し、チームのメンバーが当てる。当たるとベルを鳴らし、テスターが当てた数を示すカードを床に並べていく。ジェスチャーをするのが難しいときは、ベルの横に置かれた用紙にフェルトペンで絵を描いて示してもよい。

運動テスト

⬙ 模倣体操

床にかいてある自分のマークの上に立ち、テスターのまねをして体操をする。

・指の屈伸…1から10まで数えながら、上に伸ばした両手の指を親指から順番に折り小指から順に開いていく。
・ひざの屈伸…ひざの曲げ伸ばしを行う。
・体側伸ばし…両足を開いて、片手を腰に当て、もう片方の腕を上げながら、反対側に体

を曲げ、脇を伸ばす。左右とも行う。

・前後屈…両足を開いて立ち、前屈と後屈を行う。

・両足跳び…自分のマークの場所を中心に前・右・後ろ・左の順に両足跳びをしながら体の向きを変える。2回くり返す。

・ケンケン・片足バランス…その場で5秒間ケンケンをした後、飛行機のように両手を左右に広げ、片足を後ろへ伸ばして片足バランスを5秒間行う。

・指合わせ…親指と人差し指の腹を合わせる「OK」、親指と中指、薬指の腹を合わせる「キツネ」をくり返し行う。

・ジャンケンポーズ体操…ジャンケンポーズ（小さくしゃがむ、手足を大きく横に開くなどの動作）を練習した後、前にいるテスターに「ジャンケン、ハイ」と言われたら好きなポーズを行う。テスターに負けた人は座る。

・動物ポーズ体操…ワニのポーズは両手を顔の前で合わせ、上下に手のひらを開いて口を開ける、ライオンのポーズは顔の横に爪を立てるように両手を持ってきてほえるというお約束がある。テスターの「いちにのさん」の合図で、ワニかライオンのポーズのいずれかを行う。テスターと同じポーズをしたときは勝ち、違うときは負けとなる。

3 競 争

3つのグループに分かれて行う。それぞれ両端にコーンがある。スタートの青い四角の手前にある黄色の線の上に並び、先頭の人から青い四角に入ってスタートする。ゴールしたらそのまま赤い四角の中で立って待ち、テスターに声をかけられたらコーンを回って黄色の線の上で列の後ろについて待つ。

Ⓐ青い四角からスタートする。走ってコーンを回り、次のコーンまで右足ケンケン、コーンに着いたらゴールの赤い四角まで左足ケンケンを行う。

Ⓑ青い四角からスタートする。走ってコーンを回り、ゴム段を2本連続して跳んでからゴールの赤い四角まで走る。

Ⓒ青い四角からスタートする。玉が入っているカゴまで走り、赤と白の玉を1つずつ取る。コーンまで走ったら、壁に貼ってあるオニの絵に玉を投げる。投げた玉を拾いコーンを回って元のカゴに戻し、ゴールの赤い四角まで走る。

1

A

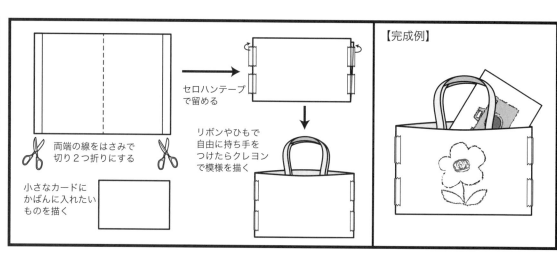

両端の線をはさみで
切り２つ折りにする

セロハンテープ
で留める

リボンやひもで
自由に持ち手を
つけたらクレヨン
で模様を描く

小さなカードに
かばんに入れたい
ものを描く

【完成例】

B

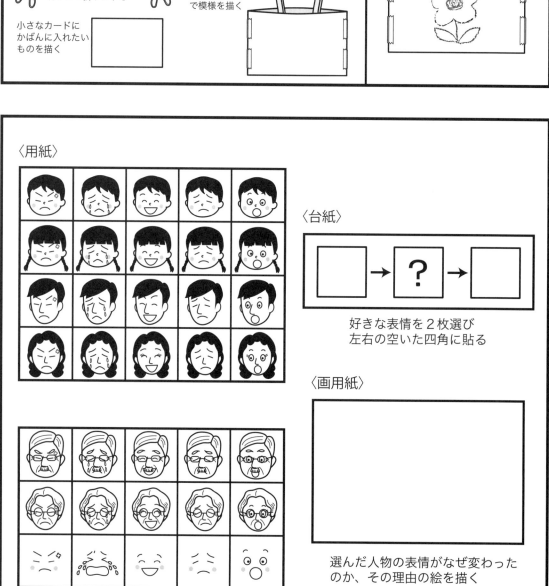

〈用紙〉

〈台紙〉

好きな表情を２枚選び
左右の空いた四角に貼る

〈画用紙〉

選んだ人物の表情がなぜ変わった
のか、その理由の絵を描く

一番下の段は誰でも好きな人の顔にできる

1 — C

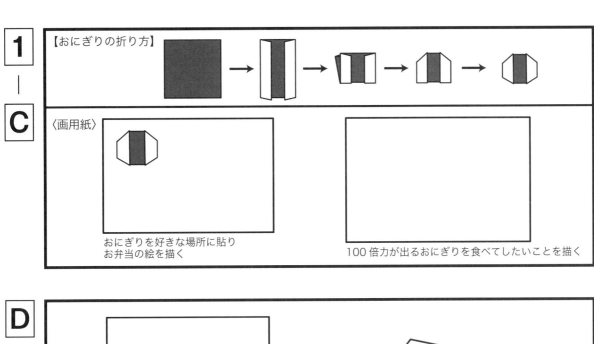

【おにぎりの折り方】

〈画用紙〉

おにぎりを好きな場所に貼り
お弁当の絵を描く

100倍力が出るおにぎりを食べてしたいことを描く

D

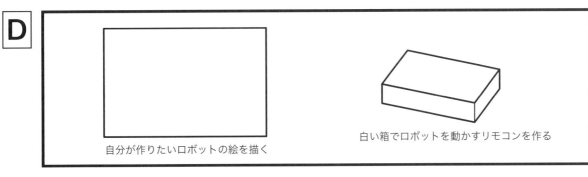

自分が作りたいロボットの絵を描く

白い箱でロボットを動かすリモコンを作る

E

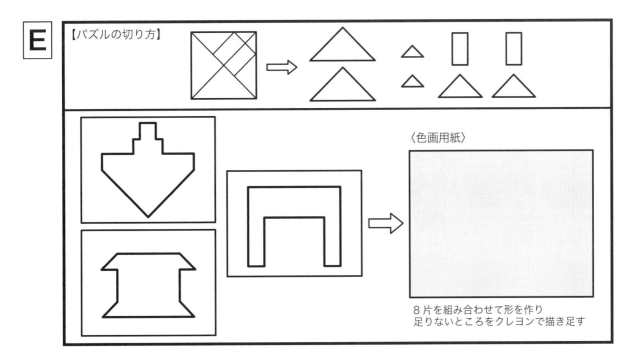

【パズルの切り方】

〈色画用紙〉

8片を組み合わせて形を作り
足りないところをクレヨンで描き足す

2022 2023
2021
2020
2019
2018
2017
2016
2015
2014
2013
2012
2011
2010
2009
2008

2—A

バランスタワーゲーム

発泡スチロール製の板

材料が入っている
ビニールプール

紙コップ

お手本の写真

ベル

B

ジャンケンチャレンジゲーム

〈なぞなぞコーナー〉

〈玉入れコーナー〉

〈積み木コーナー〉

〈縄跳びコーナー〉

しりとりジェスチャーゲーム

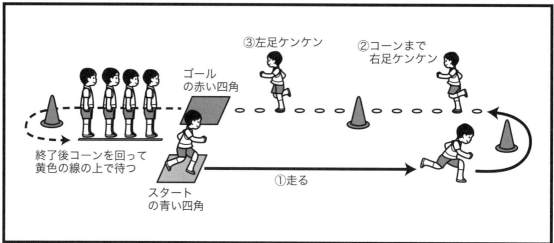

③左足ケンケン
②コーンまで右足ケンケン
ゴールの赤い四角
終了後コーンを回って黄色の線の上で待つ
スタートの青い四角
①走る

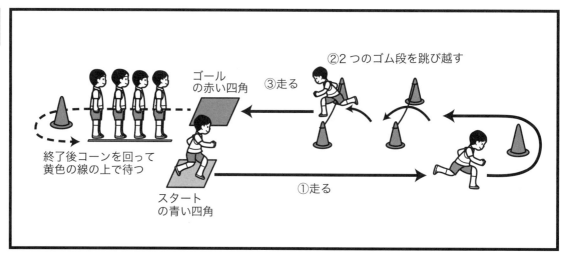

B

②2つのゴム段を跳び越す
③走る
ゴールの赤い四角
終了後コーンを回って黄色の線の上で待つ
スタートの青い四角
①走る

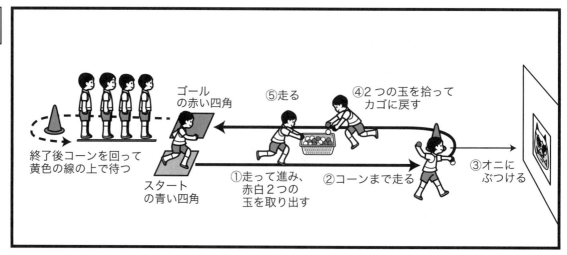

C

⑤走る
④2つの玉を拾ってカゴに戻す
ゴールの赤い四角
終了後コーンを回って黄色の線の上で待つ
スタートの青い四角
①走って進み、赤白2つの玉を取り出す
②コーンまで走る
③オニにぶつける

section
2017 慶應義塾幼稚舎入試問題

■ 選抜方法

考査は女子が先の3日間、1日おいて男子が後の4日間という日程のうち、1日を指定される。男子・女子とも生年月日の年長者グループと年少者グループの2つに分けられ、それぞれのグループの月齢の低い方から約20人単位で集団テストと運動テストを行う。指定通りに体操服を持参し、控え室で着替えてから考査会場に向かう。所要時間は約1時間40分。

▌ 集団テスト

玄関で受験票を提示し、当日の内容や注意事項が書かれた印刷物（「すぐお読みください」）をもらう。控え室となっている教室の前でもう一度受験票を提示し、指示された番号の座席に保護者と並んで座って待つ。呼び出し時刻になったら指示通り体操服に着替え、運動靴に履き替える。約10分後、受験票を持って並び、移動のときの注意事項（前の人を抜かさない、受験票を落とさない、おしゃべりをしない）を聞いてから、準備室で識別マーク（○、△、□、☆、♡などの形が、それぞれ赤、青、緑、黄色などの各色に分かれている）が各自に指定され、ランニング型のゼッケンを装着してから考査会場に向かう。考査会場のいすや床には識別マークがついており、考査は自分の識別マークのところで行う。

1 絵画・制作

各自の机の上に画用紙とクレヨン（12色）またはポンキーペンシルが置かれ、課題に応じて袖机のトレーに入ったスティックのり、セロハンテープ、はさみなどを使用する。そのほかの材料は前の机の上などにあり、必要に応じて取りに行く。

（女子）

Ａ Y字形の道がかかれた台紙と、その道が分かれた先がかかれた台紙を使って迷路を作る。道が分かれた先のうち一方を行き止まりにして、それ以上進めないような絵をポンキーペンシルで描く。もう一方はゴールにして、ゴールしたくなるような絵をポンキーペンシルで描く。描き終わったら、道がつながるように両方の台紙をセロハンテープで貼り合わせる。小さな白い紙に迷路を進ませたいものの絵をポンキーペンシルで描く。絵が立つようにダブルクリップをつけて駒にし、迷路の上を進ませて遊ぶ。

・「自分が大きくなったらなりたいもの」を画用紙にクレヨンで描く。描き終わったら紙を裏返し、そこにかいてある線の通りにはさみで切り取り7ピースのパズルにする。自

分のパズルで遊んだ後に席を移動し、お友達のパズルで遊ぶ。

・細長い紙に横並びに４つの四角がかかれており、左端の四角の中に花の絵をクレヨンで描く。「はな」から順にしりとりでつながるように、右の３つの四角の中に絵を描く。その後、しりとりでつながるもの３つが出てくるお話を自由に考えて、その絵を画用紙にクレヨンで描く。

（男子）

B黒板のお手本と同じになるように、三角、丸、四角を縦に並べて串に刺したおでんの絵を、用意された紙の１枚にポンキーペンシルで描く（例１）。もう１枚には丸、三角、四角のスタンプを、赤、黄色、青のスタンプ台を使って押し、ポンキーペンシルで串を描いておでんの絵にする（例２）。次に、スタンプを自由に使って大きな紙に自分の好きなものを描く。スタンプで描き足りないところはポンキーペンシルで描き足す。

・「たろう君が、何でも合体させられるすごい研究をしているおじいちゃんに会った日の夜、自分が合体している夢を見た」というお話を聞いた後、自分が好きなものと合体した絵を画用紙にクレヨンで描く。

・黄色のマントをつけたテスターから透明人間になれるマントのお話を聞いた後、用意された中から好きな布を選び、首のところで結んでマントにして席につく。自分が透明人間になったらしたいことを画用紙にクレヨンで描く。描き終わったらスタンドに絵を立て、マントを外してイスの背にかける。マントが外れて透明人間でなくなってしまったらどうなるか、先に描いた絵の続きにしてもう１枚の画用紙にクレヨンで描く。

・紙皿や色画用紙、モールなどを使って、自分の願いがかなう帽子を作る。作ったら帽子をかぶり、どのような願い事をしたいか画用紙にクレヨンで描く。

🪨 言 語

絵画・制作の間にテスターから質問される。

（女子）

・何になりたいのですか。それはどうしてですか。

・何を描いていますか。どうしてそれをゴールにしたのですか。

・どのような様子を描いたのですか。

（男子）

・何を描いていますか。それと合体して何をしたいですか。

・何を描いていますか。どのようなところを工夫しましたか。

・何を描いていますか。透明人間に変身してどんなことをしたいですか。続きはどうなるのですか。

・どのような様子を描いたのですか。

2 行動観察

グループに分かれ、以下の5種類のゲームのいずれかを行う。内容は試験日やグループによって異なる。

A ボール運びリレー…2人1組で板状のものを持って走り、向こう側にあるカゴのボールを板に載せて戻って、自分たちのチームのカゴに入れる。ボールを落としたときは手で拾い、載せ直して続きを行う。太鼓の合図があるまで行い、どのチームがたくさん運んだか競争する。次の組に板を渡すときや板にボールを載せるときは、一度床に板を置くというお約束がある。

B お城作り…4チームに分かれ、お手本と同じになるように箱を積んでお城を作る競争をする。できたらお手本の横のベルを鳴らす。箱はビニールプールの中にあり、プールの中に入って取ってはいけない、一度に2つまでしか運べない、というお約束がある。太鼓が1回鳴ったら始めて、2回鳴ったら終了。

・ドンジャンケン…2つのチームに分かれて平均台の上でドンジャンケンを行う。ジャンケンをして勝ったら前に進み、相手チームの陣地に入ったら勝ち。陣地に到着したかどうかは先生が判断して笛を鳴らす。

・リズム遊び(女子)…円形の線の上を音楽のリズムに合わせて歩き、太鼓の音が鳴ったらその音の数と同じ人数でグループを作って座る。人数が足りないときは先生が入る。

・リズム遊び(男子)…円形の線の上を音楽のリズムに合わせて走る、またはスキップやケンケンで進み、太鼓の音が鳴ったらその音の数と同じ人数でグループになる。人数が足りないときは先生が入る。

自由遊び

すでに作ってある紙飛行機や模型飛行機、野球のバットとボール、お城と人形、おままごとセット、ブロック、輪投げ、サッカーのゴールとボール、ボウリングセット、フリスビー、ブーメラン、的当て、パズル、絵本、ミニピアノ、ミニバスケットボールのゴールと

ボール、サルの人形、ロディ人形、マグ・フォーマー、チョロQなどを使って自由に遊ぶ。太鼓または「やめ」の合図で片づけをする。用意されている遊具は試験日やグループによって異なる。

運動テスト

模倣体操

床にかいてある自分のマークの上に立ち、テスターのまねをして体操をする。
・指の屈伸…1から10まで数えながら、両手の指を親指から順番に折り小指から順に開いていく。また手をグーにして小指から順番に指を開いていく。
・指合わせ…1から4まで数えながら親指と人差し指の腹を合わせる、親指と中指の腹を合わせる、親指と薬指の腹を合わせる、親指と小指の腹を合わせる。続いて5から8まで数えながら反対からも行う。
・前後屈…両足を開いて立ち、前屈と後屈を行う（4呼間ずつ）。
・ひざの屈伸…ひざの曲げ伸ばしを行う。
・体側伸ばし…両足を開いて、片手を腰に当て、もう片方の腕を上げながら、反対側に体を曲げ、脇を伸ばす。左右とも行う。
・ケンケン・片足バランス…右足で10回ケンケンした後、「やめ」と言われるまで飛行機のように両手を左右に広げ、片足を後ろへ伸ばして片足バランスを行う。
・腕回し…腕を後ろから前に5回回した後、前から後ろに5回回す。

3 競　争

3つのグループに分かれて行う。それぞれ両端にコーンがある。間の黄色の線上に並び、先頭の人から赤い四角に入ってスタートする。

Ⓐ赤い四角からスタートし、コーンまでスキップする。コーンを回ったらゴールの線まで走り、もう1つのコーンを歩いて回り黄色の線の上に並んで待つ（スタートからコーンまでとコーンからゴールまででグループによって行うことが異なり、ギャロップ、ケンケン、クマ歩き、グーグーパーなどの組み合わせがある）。

Ⓑ赤い四角からスタートしてコーン型のボール台まで走り、ボール台に置いてあるボールを壁に向かって投げ、はね返ったボールを元の位置に戻してゴム段3本を連続で跳び、走ってゴールする。ゴールしたら歩いてコーンを回り、黄色の線の上に並んで待つ。

1

A

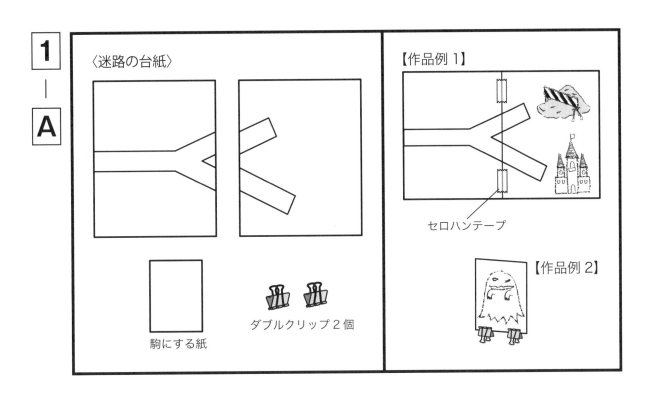

〈迷路の台紙〉

【作品例 1】

セロハンテープ

駒にする紙

ダブルクリップ 2 個

【作品例 2】

B

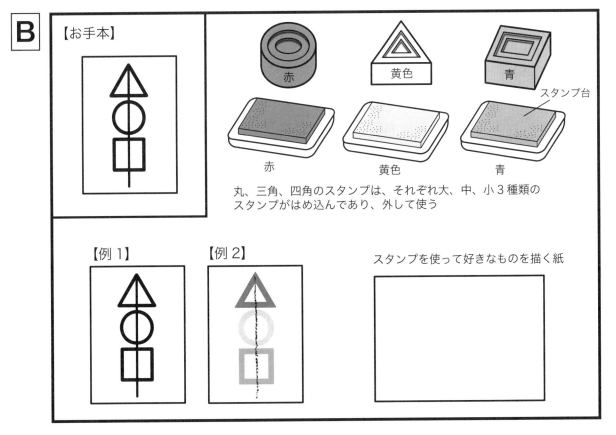

【お手本】

赤

黄色

青

スタンプ台

赤

黄色

青

丸、三角、四角のスタンプは、それぞれ大、中、小 3 種類の
スタンプがはめ込んであり、外して使う

【例 1】

【例 2】

スタンプを使って好きなものを描く紙

2 — A

B

3－A

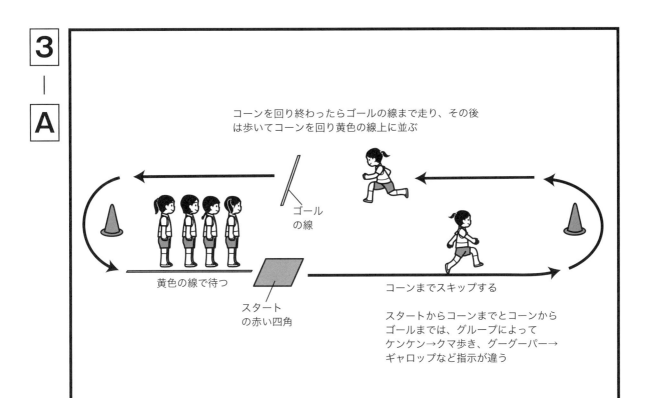

コーンを回り終わったらゴールの線まで走り、その後
は歩いてコーンを回り黄色の線上に並ぶ

ゴール
の線

黄色の線で待つ

スタート
の赤い四角

コーンまでスキップする

スタートからコーンまでとコーンから
ゴールまでは、グループによって
ケンケン→クマ歩き、グーグーパー→
ギャロップなど指示が違う

B

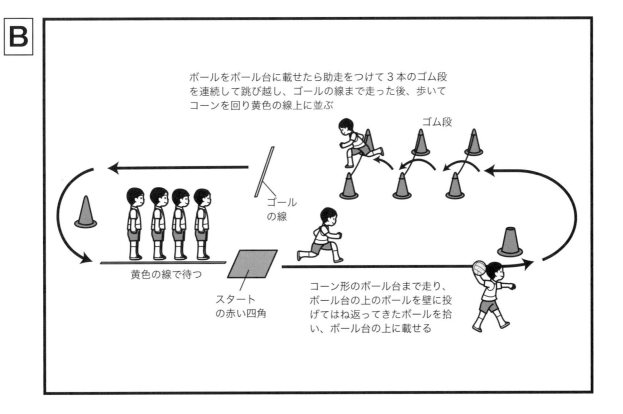

ボールをボール台に載せたら助走をつけて3本のゴム段
を連続して跳び越し、ゴールの線まで走った後、歩いて
コーンを回り黄色の線上に並ぶ

ゴム段

ゴール
の線

黄色の線で待つ

スタート
の赤い四角

コーン形のボール台まで走り、
ボール台の上のボールを壁に投
げてはね返ってきたボールを拾
い、ボール台の上に載せる

section
2016 慶應義塾幼稚舎入試問題

■ 選抜方法

考査は女子が先の3日間、1日おいて男子が後の4日間という日程のうち、1日を指定される。男子・女子とも生年月日の年長者グループと年少者グループの2つに分けられ、それぞれのグループの月齢の低い方から約20人単位で集団テストと運動テストを行う。指定通りに体操服を持参し、控え室で着替えてから考査会場に向かう。所要時間は約1時間40分。

▌ 集団テスト ▌

玄関で受験票を提示し、当日の内容や注意事項が書かれた印刷物（「すぐお読みください」）をもらう。控え室となっている教室の前でもう一度受験票を提示し、指示された番号の座席に保護者と並んで座って待つ。呼び出し時刻になったら指示通り体操服に着替え、運動靴に履き替える。約10分後、受験票を持って並び、移動のときの注意事項（前の人を抜かさない、受験票を落とさない、おしゃべりをしない）を聞いてから考査会場に向かう。約1時間40分後に控え室に戻る。考査会場のいすや床には、形と色別のマークがついており（○、△、□、☆、♡などの形が、それぞれ赤、青、緑、黄色などの各色に分かれている）、考査は指定された自分のマークのところで行う。最初の教室で番号のついたランニング型のゼッケンをつける。

1 絵画・制作

各自の机の上に画用紙とクレヨン（12色）またはポンキーペンシルが置かれ、課題に応じて袖机にスティックのり、セロハンテープ、はさみなどが入ったトレーが用意されている。そのほかの材料は前の机の上などにあり、必要に応じて取りに行く。

（女子）

Ａ 笑っている顔、怒っている顔、びっくりしている顔、泣いている顔、困っている顔が描かれた5枚の絵カードを見て、どのようなときにそのような顔になるか1人ずつ聞かれる。答えた後、そのような顔になるときの様子を画用紙にクレヨンで描く。

・人間の世界に興味を持ち、森から出てきておなかをすかせている妖精のお話を聞いた後、妖精にあげるためのお弁当を色画用紙で作る。お弁当ができたら妖精と何をして遊びたいか画用紙にクレヨンで描く。

B メリーゴーラウンドなど回る遊具の絵を見て、「遊具の名前」や「乗ったときの気持ち」などの質問に答える。次に台紙の黒い線をはさみで切り、点線に沿って手前と向こう側に折り返して、配られたゼムクリップを下につけ、クルクル回りながら落ちる紙コプターを作る。できあがった紙コプターを飛ばして遊んだ後、大きさの違う3枚の紙の中から1枚選び、最初のものよりゆっくり回りながら落ちる紙コプターを作る。その後、紙コプターを持って遊びに出かけるとしたら誰とどこで遊びたいか画用紙にクレヨンで描く。

（男子）

C テスターからトランプの遊び方、包丁や鍋、カメラの使い方などを聞いた後、いろいろなものが描かれた3枚の絵カードの中から、自分の好きなものを5つ選んではさみで切り取る。5つの四角がかかれた黄色い台紙に、切り取った絵カードを左から好きなもの順にのりで貼る。貼った絵カードの中の一番好きなものでどのようなことをしたいか画用紙にクレヨンで描く。

・お祭りでお財布を落として困っている子のために、お面屋さんが一緒に探してくれる劇をテスターが演じる。劇を観た後「見つからなくて困ったときの顔」または「見つかってうれしかったときの顔」のお面を、紙皿、折り紙、モール、ひもなどを使って作る。お面ができあがったら、「困っている人を助けたときの絵」または「人を喜ばせたときの絵」を画用紙にクレヨンで描く。

・消防車のサイレンの音が流れた後、テスターからの「これは何の音でしょう？」「その乗り物にはどんなものがついていますか？」「特別な仕事をする乗り物は、ほかにどのようなものがありますか？」などの質問に自由に答える。その後各自に配られた箱と前の机に用意されている色画用紙を使って、「人の役に立つ、こんな乗り物があったらよいと思うもの」を作る。できあがったらその乗り物が働いている様子を画用紙にクレヨンで描く。

・紙でできたコンセントと掃除機のノズルのパーツを、掃除機の本体だけが描かれている台紙にテスターが貼る様子を見た後、各自に配られた箱と前の机に用意されている色画用紙を使って、「人の役に立つ、こんな機械があったらよいと思うもの」を作る。できあがったらその機械を使っている様子を画用紙にクレヨンで描く。

・テスターが子どものころ作ったケン玉で楽しく遊んだ話を聞いた後、袖机のトレーの中のB5判の紙、タコ糸、竹串、セロハンテープと配られた紙コップを使って指示通りケン玉を作る。紙コップの底に竹串で穴を開けタコ糸を通し固結びをする。タコ糸の反対側の端に丸めた紙をセロハンテープでつける。完成したケン玉で遊んだ後、家族と一緒

にケン玉で遊んでいるところを画用紙にポンキーペンシルで描く。

📖 言　語

絵画・制作の間にテスターから質問される。

（女子）

・何を描いていますか。それはどうしてですか。

・何を描いていますか。それは誰とどこで遊んでいる絵ですか。

（男子）

・何をしているところですか。どうしてそれを選びましたか。

・描いているのはどのような乗り物ですか。それはどのようなお仕事をしますか。

・描いている機械でどのようなことができますか。

2 行動観察

6人程度のグループになり、以下の5種類のゲームのいずれか1つを行う。内容は試験日やグループによって異なる。

Ⓐボール送りゲーム…グループで輪になり1人だけ帽子をかぶる。帽子をかぶっている人から、笛の合図に合わせてドッジボールを右隣の人に送る。ボールが帽子をかぶっている人のところを通るたびに「1」「2」……と全員で数え、「4」など指示された回数になったら終了する。2回目はボールを床に1回ついてから右隣の人に送っていき、笛の合図で終了する。最後に全員が1つの大きな輪になり右隣の人にボールを送る。回している最中にテスターがスーパーボール、サッカーボール、ラグビーボール、テニスボールなどを輪の中に加えていき、ボールの種類が増えていく。最終的には全種類を一度に回し「やめ」と言われたら終わりにする。

Ⓑボール送り競争…グループごとに縦1列に並び、先頭の人が帽子をかぶる。ドッジボールを頭の上から後ろの人に送っていき、最後尾の人はボールを受け取ったら列後方のコーンを回り先頭に並んで同じように続ける。一巡して帽子をかぶっている人が再び先頭になったら全員座る。2回目は同じ要領で股の下からボールを送る。

・浮き輪送りゲーム…グループごとに縦1列に並び、先頭の人が帽子をかぶる。浮き輪を床の上に置いて中に入り、浮き輪を持ち上げて体をくぐらせたら後ろの人に渡す。次の人も同様に行い、最後尾の人はくぐり終わった

ら浮き輪を持って列後方のコーンを回り、先頭に並んで同じように続ける。一巡して帽子をかぶった人が再び先頭になったら全員座る。

C タワー作り…東京タワーなど高いものが描かれた絵カードを見た後、グループのみんなで協力して大小さまざまなボールとさまざまなサイズの芯や輪っかなどを積み上げ、高いタワーを作る。

D 洗濯物遊び…洗濯物を干すグループとたたむグループに分かれて行う。先に、干すグループが用意されたタオル、ハンカチ、長袖のシャツ、ズボンなどをハンガーや洗濯ばさみを使って干す。干し終わったらたたむグループが洗濯物を外してたたみ、カゴにしまう。片方のグループが行っている間、もう片方のグループは体操座りで静かに待つ。2回目は役割を交代して行う。

自由遊び

積み木、絵本、ぬいぐるみ、飛行機、魚釣りゲーム、輪投げ、レインボースプリング、オセロ、黒ひげゲームなどが置かれたコーナーで自由に遊ぶ。

運動テスト

模倣体操

床にかいてある自分のマークの上に立ち、テスターのまねをして体操をする。
- 指の屈伸…1から10まで数えながら、両手の指を親指から順番に折り小指から順に開いていく。また手をグーにして小指から順番に指を開いていく。
- 前後屈…両足を開いて立ち、前屈と後屈を行う。
- ひざの屈伸…ひざの曲げ伸ばしを行う。
- 片足バランス…飛行機のように両手を左右に広げ、片足を後ろへ伸ばして片足バランスを行う。
- ケンケン…「やめ」と言われるまで右足ケンケンで右回りに回り、その後左足ケンケンで左回りに回る。またはその場で数回ずつ左右の足を替えながらケンケンを行う。
- ジャンプ…その場で10回高く跳ぶ。
- 体側伸ばし…左手を腰に当てて右手を横から頭の上に2回振り上げながら体側を伸ばす。左手も同じように行う。
- 機敏性…テスターの「立つ」「座る」の合図に合わせて素早く立ったり座ったりする。
- 腕回し…腕を後ろから前に回す、前から後ろに回す、をくり返す。

③ 競　争

　3つのグループに分かれて行う。それぞれ両端にコーンがある。緑、黄色、青などチームの色の線上に並び、先頭の人から赤い四角に入る。スタート時は赤い四角の中で、立つ、体操座り、うつ伏せ、あおむけ、長座などの指示があり、その構えから行う。

Ⓐ赤い四角からスタートし、走る、スキップ、ケンケンなどの指示に従ってコーンまで進む。コーンを回ったら走ってグループの線の上に戻り、列の後ろについて待つ。

Ⓑ赤い四角からスタートし、中央の白い線までクマ歩き、もしくはギャロップなど指示された動きで行き、そこからコーンまで走る、ケンケンするなどの指示に従って進む。いずれもその後コーンを回ったら、走ってグループの線の上に戻り、列の後ろについて待つ。

Ⓒ赤い四角からスタートし、走って進み、中央のゴム段2本を跳び越しボールを持って壁の的に当て、ボールを拾って元に戻す。コーンを回ったら走ってグループの線の上に戻り、列の後ろについて待つ。

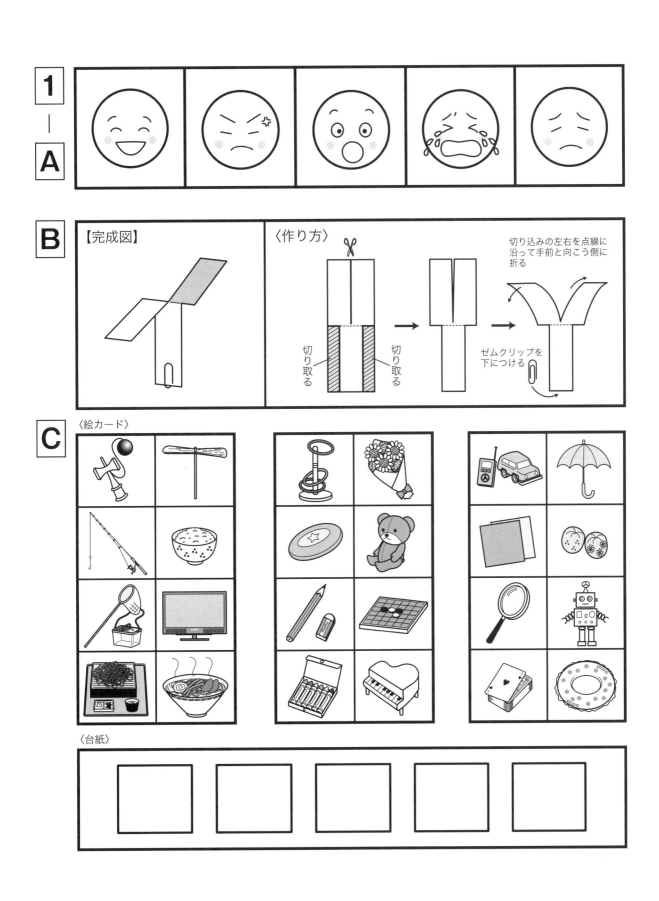

2
A

ラグビーボール

サッカー
ボール

スーパー
ボール

※同時に4～5種
類のボールを回
す

ドッジボール

B

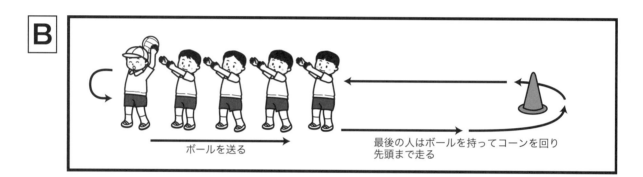

ボールを送る

最後の人はボールを持ってコーンを回り
先頭まで走る

C

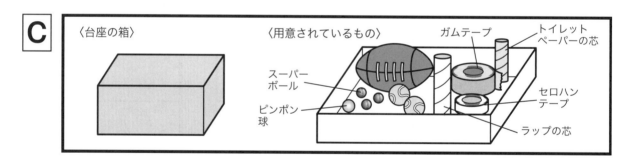

〈台座の箱〉

〈用意されているもの〉

ガムテープ

トイレット
ペーパーの芯

スーパー
ボール

セロハン
テープ

ピンポン
球

ラップの芯

D

ハンガー

洗濯
ばさみ

長袖の
シャツ
とズボン

タオルと
ハンカチ

3 | A

列の後ろにつく

走る

赤

走る・スキップ・ケンケンなど

B

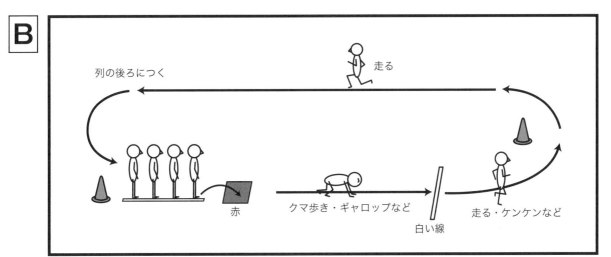

列の後ろにつく

走る

赤

クマ歩き・ギャロップなど

白い線

走る・ケンケンなど

C

列の後ろにつく

走る

赤

ゴム段を跳び越す

ボールを壁の的に当てたら
拾って箱に戻す

section
2015 慶應義塾幼稚舎入試問題

■ 選抜方法

考査は女子が先の3日間、1日おいて男子が後の4日間という日程のうち、1日を指定される。男子・女子とも、生年月日の年長者グループと年少者グループの2つに分けられ、それぞれのグループの月齢の低い方から約20人単位で集団テストと運動テストを行う。指定通りに体操服を持参し、控え室で着替えてから考査会場に向かう。所要時間は約1時間30分。

┃ 集団テスト ┃

玄関で受験票を提示し、当日の内容や注意事項が書かれた印刷物(「すぐお読みください」)をもらう。控え室となっている教室の前でもう一度受験票を提示し、指示された番号の座席に保護者と並んで座って待つ。呼び出し時刻になったら指示通り体操服に着替え、運動靴に履き替える。約10分後、受験票を持って並び、移動のときの注意事項(前の人を抜かさない、受験票を落とさない、おしゃべりをしない)を聞いてから考査会場に向かう。約1時間30分後に控え室に戻る。考査会場のいすや床には、形と色別のマークがついており(○、△、□、☆、♡などの形が、それぞれ赤、青、緑、黄色などの各色に分かれている)、考査は指定された自分のマークのところで行う。最初の教室で番号のついたランニング型のゼッケンをつける。

1 絵画・制作

(女子)

Ａ 小さな画用紙2枚に、クレヨンで自分が大切に思うものの絵を描く。その後、宝箱が描かれた台紙を上下半分に折り、重ねたまま指示通り太線にはさみで切り込みを入れ、切り込みを裏側へ四角に押し出す。先ほど描いた絵から1枚を選び、台紙の押し出した四角の面にスティックのりで貼る。

・困った人を魔法で助ける「キラキラ星の妖精」という紙芝居を観た後、自分の席で台紙に描かれた星の形を好きな色のクレヨンで塗り、はさみで切り取る。さらに、画用紙を筒状に丸めて、先端に切り取った星の形をスティックのりで貼り、魔法のステッキを作る。作り終わったら、トレイの中に入っている鈴(小さい鈴を輪にしてつないだもの)を中指にはめ、「キラキラ星」の音楽に合わせて魔法のステッキを振りながらテスターと一緒に踊る。再び席に戻り、自分が大好きな人の願い事を考えて、その絵を画用紙にクレヨンで描く。

B クマやカエル、タヌキ、アライグマなどのパペットで自由に遊んだ後、紙コップやタコ糸で糸電話を作る。その後、1体のパペットを選び、糸電話でパペットに願い事をたずねた後、その願い事の絵を画用紙にクレヨンで描く。

（男子）

・ゼンマイで動くおもちゃで自由に遊んだ後、マラカスや太鼓、タンバリン、鈴、カスタネットなどの中から好きな楽器を選び、みんなで「おもちゃのチャチャチャ」を歌いながら踊る。歌い終わった後、好きなおもちゃを1つ選び、夜、おもちゃ箱から飛び出して好きなことをしている様子を画用紙にクレヨンで描く。

・「もりのかくれんぼう」の紙芝居を観た後、生き物の形が幾重にも重なった絵が描かれた紙が渡される。その中から隠れている生き物を1つ見つけ、クレヨンでなぞり、好きな色で塗る。同様の紙をもう1枚渡され、先ほどとは違う生き物を見つけ、クレヨンでなぞって塗った後、どちらか好きな方の生き物が好きなことをしている様子を別の画用紙にクレヨンで描く。

C テスターから磁石のしくみについてのお話を聞いた後、用意された磁石を使って教室の後ろで自由に遊ぶ。その後席に着き、台紙にかいてあるドアのような形2枚をはさみで切り取り、それぞれに追いかけたり追いかけられたりするものを1枚ずつクレヨンで描く。描いたら台紙に切り込みを入れ、指示通りに折って立つようにする。台紙の丸印のところに、反発し合う向きにそれぞれ丸型磁石をセロハンテープで貼りつけ、机の上で台紙を動かして遊ぶ。

・お手本を見ながら、折り紙で紙飛行機を折る。島に見立てた紙に向かって紙飛行機を飛ばして遊んだ後、モニターで世界のいろいろな島の全景や浜辺、ジャングル、湖、洞窟などの映像を観る。その後、紙飛行機で島まで行って泊まることになったら、今観た映像の中のどこで何をしたいか、その様子をクレヨンで画用紙に描く。

言　語

絵画・制作の間にテスターから質問される。
・何を描いていますか。それはどうしてですか。
・何を作っていますか。それはどうしてですか。
※子どもたちの表情や反応に合わせて、質問が発展する場合がある。

2 行動観察

以下の4種類のゲームのいずれか1つを行う。ルールは試験日やグループによって異なる。

どのゲームも2～4グループに分かれて行う。

Ⓐ大工さんごっこ…部屋の中央に、カラーブロックや段ボール紙などで作ったお家やお城の門などのお手本がある。グループごとに作業を行うためのマットが用意されている。各グループで2、3人ずつ、カラーブロックなどを取ってくるチームと組み立てるチームに分かれる。カラーブロックや段ボール紙は各グループの作業場マットから近いところにある箱から取り、取ってくるチームは組み立てるチームにお手本の様子を伝える。太鼓の合図があったら役割を交代し、作業を続ける。

Ⓑしりとりゲーム…しりとりになるよう、1人ずつ黒いマジックペンで画用紙に絵を描き、床に並べていく。どのグループが長く、たくさんの絵をつないだかを競う。絵を描く机は、待機するメンバーの前にあり、描いている人の手元が見えるようになっている。声掛けや応援は自由に行ってもよい。「やめ」の合図の太鼓の音が鳴るまで続ける。

・わたしは誰でしょうゲーム…1チーム4～6人の2チームに分かれ、それぞれのチームから2、3人ずつ前に出て、裏返しに置かれたカードの中からカードの絵を見ないように1枚選び、ほかのメンバーに見えるようにカード立てにさす。ほかのメンバーたちは、そのカードに描かれた絵についてヒントを出す。カードを選んだメンバー同士で答えを相談し、わかったら机の上にあるベルを鳴らして答えを言う。正解したら役割を交代する。カードが全部なくなるまで続け、早く終わったチームの勝ち。

・線路作りゲーム…テーブルの上に縮小サイズの路線図のお手本があり、同じ様子になるよう、線路や駅、踏切などが描かれた四角いカードを床で組み合わせて作る。カードは1人2枚ずつ運ぶというお約束がある。テスターが置いた駅のカードから作り始め、太鼓の合図で終了する。

運動テスト

📖 模倣体操

床にかいてある自分のマークの上に立ち、テスターのまねをして体操をする。
・指の屈伸…1から10まで数えながら、両手の指を親指から順番に折り小指から順に開い

ていく。

・片足バランス…飛行機のように両手を左右に広げ、片足を横に上げたり後ろへ伸ばして片足バランスを行う。

・ジャンプ…前、右、後ろ、左の順番に、床に四角い形を描くように両足ジャンプをする。リズムをだんだん速くする。

・前屈ポーズ体操…「1、2、3、4」の号令で前屈、「5、6、7」の号令で腕を糸巻きのようにぐるぐる回し、8の号令でテスターと同じポーズ、もしくは自分の好きなポーズをとる。

・ジャンケンポーズ体操…「1、2」の号令で腕を糸巻きのようにぐるぐる回し、「3」の号令でジャンプをしながらジャンケンのポーズをする。手足を横に広げてパー、両足を前後に開いて両手のひらを頭の上で合わせてチョキ、両足を横に広げて両ひじを曲げて力こぶを作りグーのポーズをとる。テスターに負けたら座る。

・腕を糸巻きのようにぐるぐる回し、「はい、ストップ」とテスターが言ったら、好きな生き物に変身して、動いたり、ポーズをとる。

・両足を開いて立ち、両ひじを曲げてカエルポーズをした後、上体を左右にひねりながら、後ろの人に「おはよう」「こんにちは」「バイバイ」と声をかける。

ウォームアップ走

3人ずつ行う。青い四角からスタートし、赤い四角まで競争する。

・コーンまで走り、コーンを回って、帰りはコーンをジグザグに走る。

・コーンまで走り、コーンを回って、ゴム段を3本連続して跳んで戻る。

3 競　争

3人ずつ行う。青い四角からスタートして、ゴール地点の赤い四角まで競争する。課題は試験日やグループによって異なる。以下のようなパターンの中から行われる。

Ａ 飛び石に見立てた高さ10cmほどの丸や三角のマットの上をテンポよく渡った後、マットの上をワニ歩き（床の上に手をつき、ひじを張って上体を起こし足をはわせるように動かして進む）で進む。9マスのストラックアウトの的（3×3の9マスに数字がかいてある）に向かって玉入れの玉を3つ投げ、赤い四角まで走って四角の中で「気をつけ」の姿勢をとる。

・コーンまで走った後、3m先にあるストラックアウトの的に、箱に入っている玉入れの玉を2つ投げる。その後平均台までクマ歩きで進んでから平均台を渡り、赤い四角まで走って四角の中で「気をつけ」の姿勢をとる。

B トンネルまで走っていき、トンネルをくぐる。高さ70cm程度の台（ウレタン状の平均台の一部）に上ってマットの上へ飛び降りた後、くねくね曲がったS字形の平均台の上を走り、赤い四角まで走って四角の中で「気をつけ」の姿勢をとる。

・コーンまで走り、スロープがある平均台を渡る。その先にあるトンネルをくぐり、赤い四角まで走って四角の中で「気をつけ」の姿勢をとる。

・スロープがある平均台を渡る。マットの上でイモムシゴロゴロをした後、トンネルをくぐり、赤い四角まで走って四角の中で「気をつけ」の姿勢をとる。

C コーンまで走り、トランポリンで3回ジャンプした後、マットの上に手を横に広げて飛び降りる。その後、マットの上でアザラシ歩き（クマ歩き、またはワニ歩き）をし、平均台を渡り終えたら、赤い四角まで走って四角の中で「気をつけ」の姿勢をとる。

1 — A

〈宝箱の台紙〉

画用紙　2枚

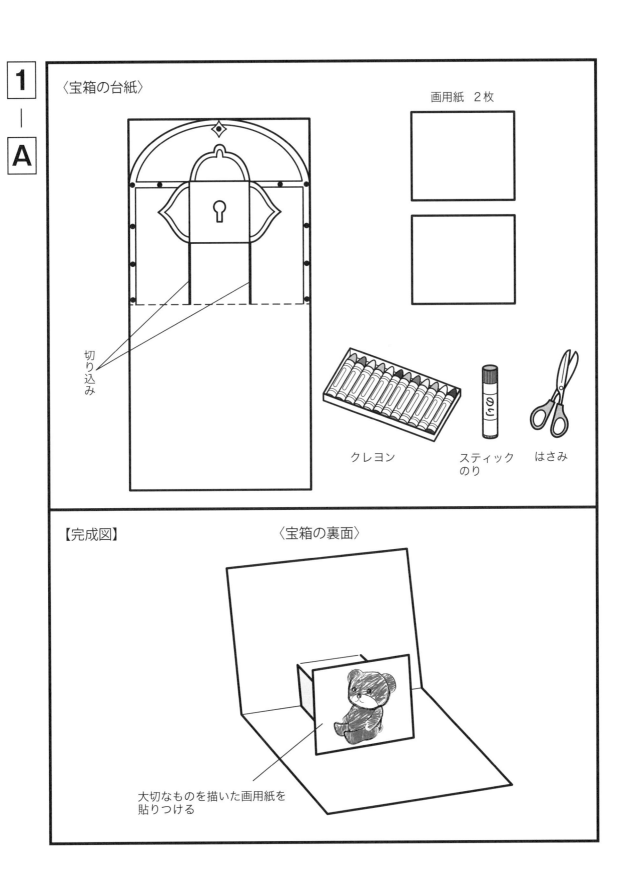

切り込み

クレヨン　　スティック　　はさみ
　　　　　　のり

【完成図】　　　　　〈宝箱の裏面〉

大切なものを描いた画用紙を
貼りつける

1

B

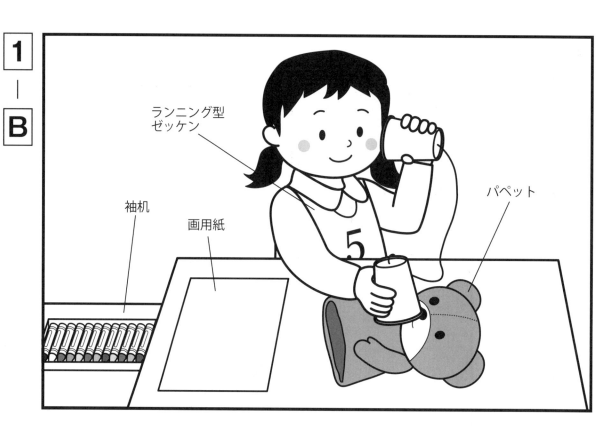

ランニング型
ゼッケン

袖机

画用紙

パペット

C

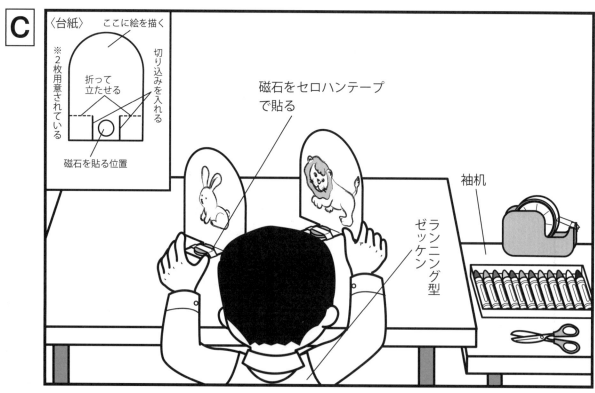

〈台紙〉　ここに絵を描く

※2枚用意されている

折って
立たせる

切り込みを入れる

磁石を貼る位置

磁石をセロハンテープ
で貼る

袖机

ランニング型ゼッケン

3

A

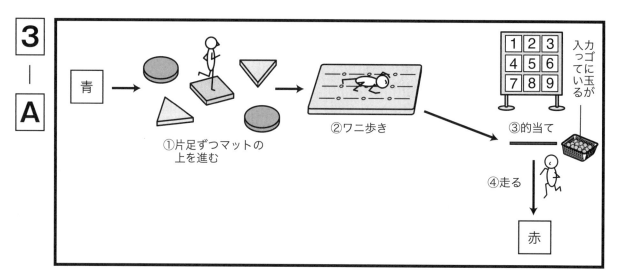

青 →

①片足ずつマットの
上を進む

②ワニ歩き

③的当て

1	2	3
4	5	6
7	8	9

カゴに玉が
入っている

④走る

赤

B

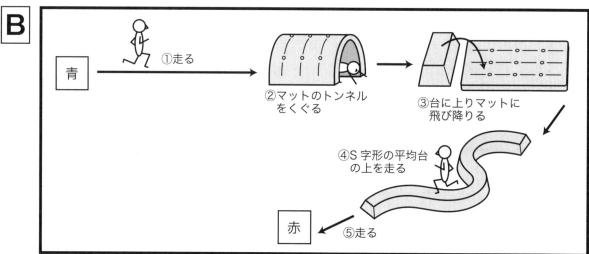

青

①走る

②マットのトンネル
をくぐる

③台に上りマットに
飛び降りる

④S字形の平均台
の上を走る

赤

⑤走る

C

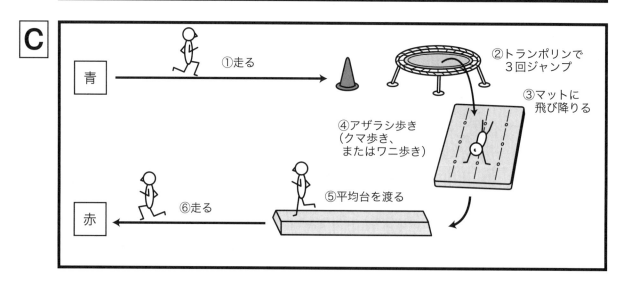

青

①走る

②トランポリンで
3回ジャンプ

③マットに
飛び降りる

④アザラシ歩き
（クマ歩き、
またはワニ歩き）

⑤平均台を渡る

赤

⑥走る

2014 慶應義塾幼稚舎入試問題

■ 選抜方法

考査は女子が先の3日間、1日おいて男子が後の4日間という日程のうち、1日を指定される。男子・女子とも、生年月日の年長者グループと年少者グループの2つに分けられ、それぞれのグループの月齢の低い方から約20人単位で集団テストと運動テストを行う。指定通りに体操服を持参し、控え室で着替えてから考査会場に向かう。所要時間は約1時間40分。

▌ 集団テスト ▌

玄関で受験票を提示し、当日の内容や注意事項が書かれた印刷物を1枚もらう。控え室となっている教室の前でもう一度受験票を提示すると座席の番号を言われるので、その番号の席に保護者と並んで座って待つ。呼び出し時刻になったら指示通り体操服に着替え、運動靴に履き替える。約10分後、受験票を持って並び、移動のときの注意事項（前の人を抜かさない、受験票を落とさない、おしゃべりをしない）を聞いてから考査会場に向かう。約1時間40分後に控え室に戻る。考査会場のいすや床には、形と色別のマークがついており（○、△、□、☆、♡などの形が、それぞれ赤、青、緑、黄色などの各色に分かれている）、考査は指定された自分のマークのところで行う。最初の教室で番号のついたランニング型のゼッケンをつける。

1 絵 画

（女子）

Ⓐ端を3分の1折り返した画用紙に卵の殻の絵が描かれている。折って隠れていた部分を開くとワニの産まれる様子に変わる事例をテスターから示された後、クレヨンを使って「初めと様子が変わる絵」を描く。

・机の上にあるスモックを着る。ラジカセから飛行機や蚊、ハチの飛ぶ音などが聞こえ、何の音かみんなで当てる。最後に音からイメージした様子をクレヨンで描く。

（男子）

Ⓑ机の上のスモックを着る。「カッパの絵描き歌」を習い、各自黒フェルトペンで同じように描く。その後再びテスターが、「丸かな、丸じゃないよ、何ができるかな」と歌い、フェルトペンでテスターと同じように丸い線を描いた後、「何かになるようにクレヨンで描き足し、1つの絵にしましょう」と指示される。1つ完成したらほかの画用紙も使

い、「終わり」というまでどんどん描く。「ニンジンの絵描き歌」でニンジンを描いたり、ジグザグ線を「お山かな、山じゃないよ……」と描き写しながら好きな絵にしたグループもある。

2 制 作

（女子）

Ⓐ「みんなは、好きなお店屋さんはありますか」などの質問に挙手をして答えた後、エプロンをつけ、カラー粘土でお店屋さんに売っているものを作る。完成させた後、B4判白画用紙に12色のクレヨンでお店屋さんの様子を描き、机の上の木製のスタンドに立てる。

（男子）

Ⓑ「自分が大人になったらなりたいもの」の洋服を作る。細長い紙を真ん中の線に沿って二つ折りにする。折り山側に木製の人形の頭が通るほどの穴をはさみで切り、ポンキーペンシルで色づけなどをし、人形に着せられるようにする。その後、その人になって活躍している様子をB4判白画用紙にポンキーペンシルで描き、スタンドに立てる。

Ⓒ机の上のスモックを着る。「自分が行きたいところ」「自分がやりたいこと」の絵をB4判程度の大きさのスチレンボードにポンキーペンシルで描く。描き終わったら、その絵の中に「いたらいいな」「あったらいいな」と思う人や生き物などをカードのような大中小の画用紙にポンキーペンシルで描く。はさみで切り取ってもよい。裏にセロハンテープでビニタイをつけ、スチレンボードに挿して完成させる。

・机の上のスモックを着る。「今までで一番うれしかったこと」「楽しかったこと」の絵を画用紙にクレヨンで描く。描き終わったら紙を裏返し、はさみでかいてある線の通りに切り取り7、8ピースのパズルにする。自分のパズルで遊んだ後に席を移動し、お友達のパズルで遊ぶ。

言 語

絵画・制作の間にテスターから質問される。

・何を描いていますか。

・何屋さんですか。あなたのお店のおすすめは何ですか。

・何になりたいのですか。それはどうしてですか。

・どこに行くのですか。そこで何をしたいですか。

🪧 行動観察

グループごとに、黄色、青、赤、緑などの帽子をかぶって行う。

・カードゲーム…床に赤、青、黄色のカードがバラバラに置いてある。太鼓のリズムに合わせてカードの周りをスキップしたり歩いたり走ったりし、太鼓が鳴りやんだら止まる。そのあと、太鼓の音が1回鳴ったら赤いカード、2回鳴ったら青いカード、3回鳴ったら黄色のカードの上に立つ。4回以上鳴ったときはその数になるように2枚のカードを組み合わせて両足で踏む（例：赤と黄色のカードまたは、両足とも青いカードにすると4の数になる）。

・ジャンケン列車…隣の人とジャンケンをし、勝った人は足を開いて立ってトンネルを作る。負けた人は勝った人の足のトンネルをくぐってから、相手の肩に手を置き後ろにつく。どんどん近くの人とジャンケンをし、1本の列車になるまで行う。

③ ドンジャンケン

グループによって約束事が異なる。

ⒶドンジャンケンA…2つのチームに分かれ、2本のラインの間をケンケンで進みドンジャンケンをする。ジャンケンに負けたら、自分のチームに戻り列の後ろに並ぶ。ジャンケンに勝ったら床に置いてある3本の透明なアクリルの筒（または棚）の中に自分のチームの色のボール（青、黄色など）を入れる。筒（棚）がボールでいっぱいになったら終了。並んだ玉がビンゴのように縦、横、斜めに並んだ箇所が多いチームが勝つ。

ⒷドンジャンケンB…2つのチームに分かれ、ポリウレタンの軟らかい平均台の上を進み、ドンジャンケンをする。ジャンケンに負けたら、自分のチームに戻り列の後ろに並ぶ。ジャンケンに勝ったら棚（または3本の透明なアクリルの筒）の中に自分のチームの色のボール（青、黄色など）を入れる。棚（筒）がボールでいっぱいになったら終了。並んだ玉がビンゴのように縦、横、斜めに並んだ箇所が多いチームが勝つ。

ⒸドンジャンケンC…2つのチームに分かれ、ラダーに沿ってケンケンで進みドンジャンケンをする。ジャンケンで負けた人や両足が床に着いたりラダーからはみ出たりした人は列の後ろに戻って並び、ジャンケンに勝った

らそのまま進み、相手陣地に踏み入ったチームが勝つ。

Ｄ ドンジャンケンＤ…２つのチームに分かれ、ポリウレタンの軟らかい平均台の上でドンジャンケンをする。ルールはＣに準ずるが、台上で行うのでバランスをくずして落ちたときは列の後ろに戻って並ぶ。

運動テスト

◪ 模倣体操

床にかいてある自分のマークの上に立ち、テスターのまねをして体操をする。
- 両手をグーパーと開いたり閉じたりする。
- 指の屈伸…両手の指を親指から順番に折り、小指から順に開いていく。
- ケンケン…右に８歩進んだ後、反転して左に８歩進んで自分のマークに戻る。
- 前後屈…両足を開いて立ち、前屈と後屈を行う。
- グーパージャンプ…グーで足をそろえてしゃがんだ後、ジャンプしながら手足を横に広げパーのポーズをする。行うリズムがどんどん速くなるので、それに合わせる。
- 片足バランス…左右の足ともに８呼間ずつ飛行機のように両手を左右に広げ、片足バランスを行う。

◪ 競　争

３人ずつで行い、グループによって課題は異なる。
- スタート地点のコーンから向こう側にあるコーンまで、行きはスキップで進み、コーンを回ったら帰りは走って戻る。
- スタート地点のコーンから途中の印まで横向きのギャロップで進み、印のところで向きを変えて反対側のコーンまで、さらにギャロップを続ける。コーンを回りながらタッチし、スタート地点にあるコーンまで走って戻る。
- スタート地点のコーンから、ラダーを両足ジャンプで進んだ後、向こう側のコーンまでクマ歩きやスキップをし、コーンにタッチしてから走って戻る。
- スタート地点のコーンから向こう側にあるコーンまでスキップし、コーンにタッチしてから走って戻る。

4 競　争

３人ずつで行う。青の四角からスタートしてゴール地点のコーン横まで競争をする。課題は試験日やグループによって異なる。以下のようなパターンの中から行われる。

A 青の四角からスタートして、ボールの入ったカゴまで走る。ドッジボールを向かい側に
いるテスターに投げる。投げたボールはテスターが転がして返してくれるのでもう一度
投げ返す。テスターの手にタッチをした後、3段の跳び箱に跳び乗り、マットの上に両
足で飛び降りる。ゴム段を3本跳んでスタート地点横のコーン脇まで走り、「気をつけ」
の姿勢で待つ。

B 青の四角から玉の入ったカゴまで走る。カゴの中にある玉入れの玉を的に向かって3個
投げる。マットでイモムシゴロゴロをした後、ゴム段3本を、跳んで、跳んで、くぐり、
スタート地点横のコーン脇まで走り、「気をつけ」の姿勢で待つ。

C 青の四角からボールが入っているカゴまで走る。ボール（ドッジボールよりひと回り小
さいサイズ）を向かい側にいるテスターに投げる。ワンバウンドで返されたボールを捕
ってもう一度投げ返す。マットの上でイモムシゴロゴロ（または前転）をした後、ゴム
段3本を跳んで、くぐって、跳び、スタート地点横のコーン脇まで走り、「気をつけ」
の姿勢で待つ。

2014

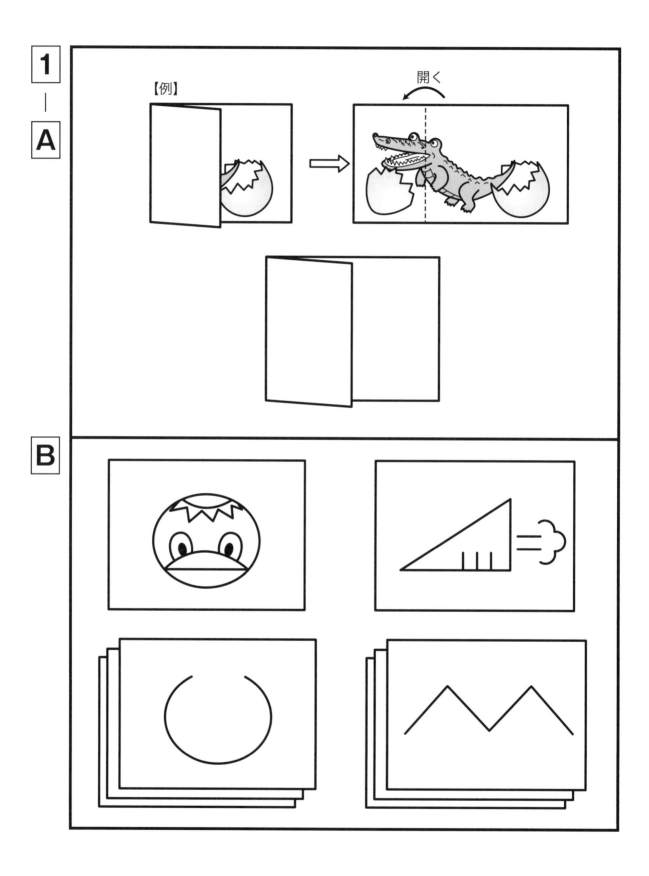

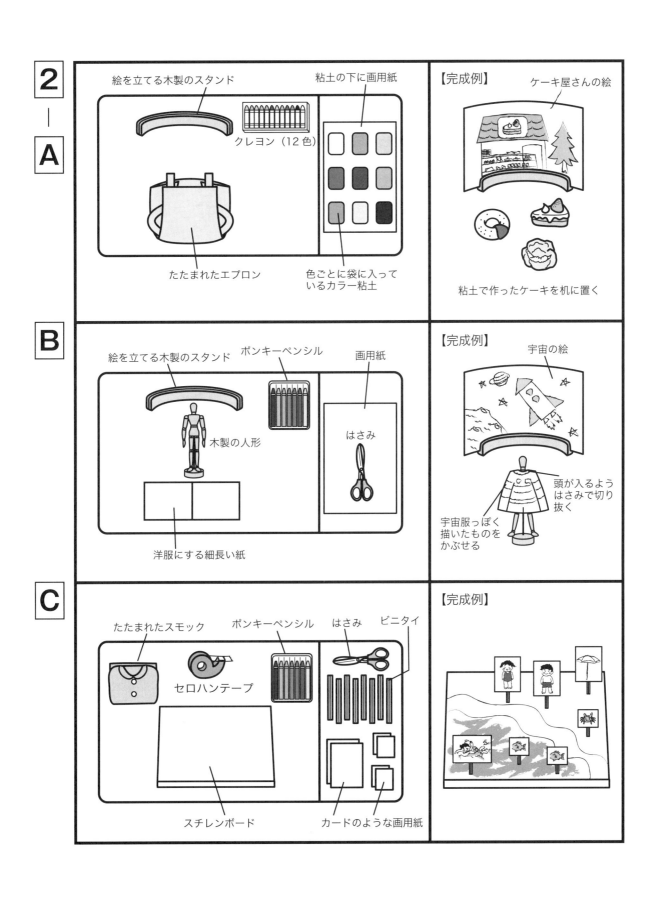

2—A

絵を立てる木製のスタンド

クレヨン（12色）

粘土の下に画用紙

たたまれたエプロン

色ごとに袋に入っているカラー粘土

【完成例】

ケーキ屋さんの絵

粘土で作ったケーキを机に置く

B

絵を立てる木製のスタンド

ポンキーペンシル

画用紙

木製の人形

はさみ

洋服にする細長い紙

【完成例】

宇宙の絵

頭が入るようにはさみで切り抜く

宇宙服っぽく描いたものをかぶせる

C

たたまれたスモック

ポンキーペンシル

はさみ

ビニタイ

セロハンテープ

スチレンボード

カードのような画用紙

【完成例】

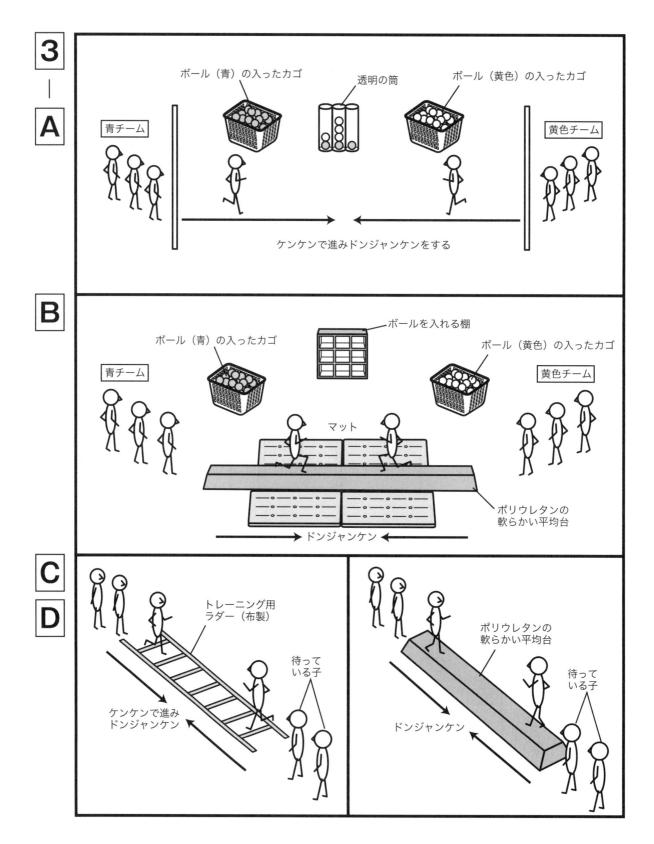

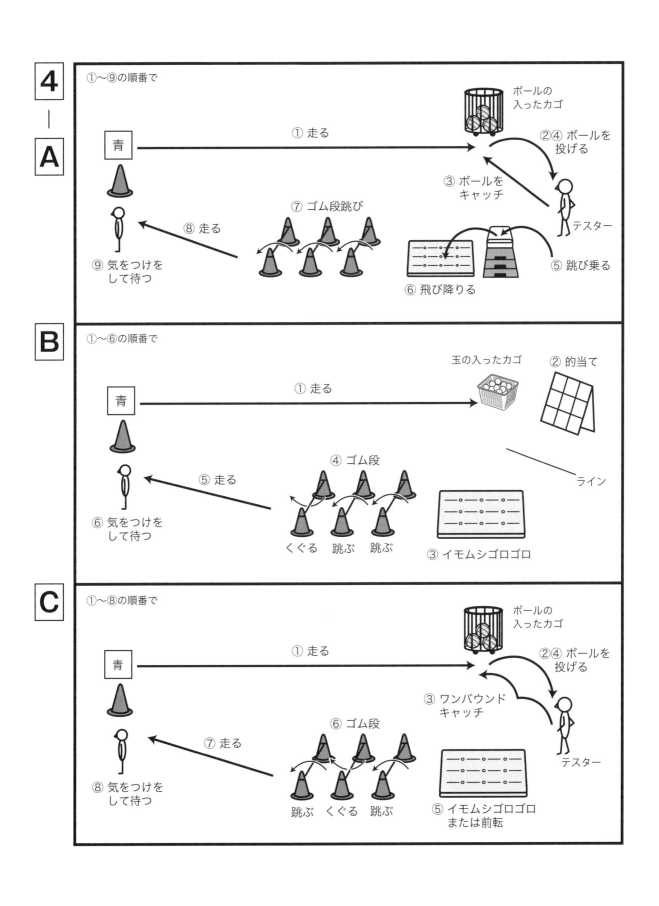

4−A

①～⑨の順番で

青 ① 走る → ボールの入ったカゴ

②④ ボールを投げる

③ ボールをキャッチ

テスター

⑦ ゴム段跳び

⑧ 走る

⑨ 気をつけをして待つ

⑤ 跳び乗る

⑥ 飛び降りる

B

①～⑥の順番で

青 ① 走る → 玉の入ったカゴ

② 的当て

ライン

④ ゴム段

⑤ 走る

⑥ 気をつけをして待つ

くぐる　跳ぶ　跳ぶ

③ イモムシゴロゴロ

C

①～⑧の順番で

青 ① 走る → ボールの入ったカゴ

②④ ボールを投げる

③ ワンバウンドキャッチ

テスター

⑥ ゴム段

⑦ 走る

⑧ 気をつけをして待つ

跳ぶ　くぐる　跳ぶ

⑤ イモムシゴロゴロまたは前転

section
2013 慶應義塾幼稚舎入試問題

■ 選抜方法

考査は女子が先の3日間、1日おいて男子が後の4日間という日程のうち、1日を指定される。男子・女子とも、生年月日の年長者グループと年少者グループの2つに分けられ、それぞれのグループの月齢の低い方から約20人単位で集団テストと運動テストを行う。指定通りに体操服を持参し、控え室で着替えてから考査会場に向かう。所要時間は約1時間30分。

▌ 集団テスト

玄関で受験票を提示し、当日の内容や注意事項が書かれた印刷物を1枚もらう。控え室となっている教室前でもう一度受験票を提示すると座席の番号を言われるので、その番号の席に保護者と並んで座って待つ。呼び出し時刻になったら指示通り体操服に着替え、運動靴に履き替える。約20分後、受験票を持って並び、移動のときの注意事項（走らない、前の人を抜かさない、おしゃべりをしない）を聞いてから考査会場に向かう。それから約1時間30分後に控え室に戻る。考査会場のいすや床には、形と色別のマークがついており（○、△、□、☆、♡などの形が、それぞれ赤、緑、黄色などの各色に分かれている）、考査は指定された自分のマークのところで行う。最初の教室で番号のついたランニング型のゼッケンをつける。

1 絵 画

（女子）

Ⓐ台紙から丸、三角、四角の形をはさみで切り取り、白い台紙にスティックのりで貼りつける。貼りつけた形を使って12色のクレヨンで自由に絵を描く（グループによって、家の中で何かをしている絵を描くという指示もある）。

Ⓑ「女の子がお父さんの仕事の都合で遊びに行けなくて困っていたら、魔女が来て、公園に連れていってくれた」というお話を聞いた後、白い画用紙に自分が行ってみたいところの絵を12色のクレヨンで描き木製のスタンドに立てる。描いた場所にいたらよいものやあったらよいものを小さな紙に描き、下部を折って台紙に貼りつけて立たせ、パノラマ状の景色を完成させる。

・「女の子が湖のほとりに引っ越して、夏は泳ぎ、冬はスケートをして楽しんだ」というお話を聞いて、白い画用紙に自分が住みたいところの絵を12色のクレヨンで描き木製

のスタンドを使って同様に立たせる。小さな紙にそこに住んでいたらよいものやあったらよいものを描き、下部を折って台紙に貼りつけて立たせる。

C さまざまな大きさの紙が半分に折ってある。紙の表の部分に開けたり閉じたりできるものを描いた後、紙を開いたところに中身やその後の展開（料理や人物）を12色のクレヨンで描く。鍋のふたのページを開けるとおでんが入っている様子や、ドアの絵のページを開けるとお母さんが出迎えてくれる様子の絵が描かれた完成例を見てから描く。

（男子）
・単なる丸い形が、周りに星を描き加えることで地球に見える様子や、柄のついた丸の周りにアリを描き加えることでペロペロキャンディーになる様子を見た後、画用紙に描かれた形を使って、12色のクレヨンで自由に絵を描く。配られた2枚の画用紙には、それぞれ半円とひし形が描いてある。ほかに台形と波線だったグループもある。
・お助けマン（午前は人、午後は動物）が困っている人を助ける様子の絵を見た後、画用紙に自分だったらどんなお助けマンにどんなことを助けてもらいたいかを、12色のクレヨンを使って描く。
・カーテンでおおわれた試着室のような装置を使い、装置に入れた卵がニワトリに変わったり、ウシの人形が牛乳に変わったりする様子を見た後、自分なら何を何に変えたいかを考えてクレヨンで描く。画用紙には矢印が描かれていて、矢印の左に装置に入れるもの、右に変わった後のものを描く。木がどのように変わるかを描いたグループもある。
・おもちゃの家でいろいろな部屋があることを見た後、画用紙に描かれた家の形を生かして、秘密基地の絵を描く。住みたい家を描くという指示のグループもある。

言　語

絵を描いている最中に、テスターたちから質問される。
・何を描いていますか。
・なぜそこに行きたいのですか。
・なぜそこに住んでみたいのですか。
・なぜその絵を描いたのですか。

2 行動観察

4つのグループに分かれ、グループごとに黄色、青、赤、緑の帽子をかぶって行う。
A タワー作りゲーム……薄く細長い木のブロックをお手本と同じになるように積む。積み終わったらベルを鳴らして合図する。1回に2つしかブロックを運んではいけないという指示がある。2回目はできるだけ高く積む競争をする。

Ⓑバスの道作りゲーム…バスの運転手の格好をしたテスターが登場して指示を出す。赤、青、黄色、緑の三角や四角のカードを床に並べて、お手本と同じになるようにバスの絵から始まる道を作る。1回にカードは2枚しか運んではいけないという指示がある。できたらベルを鳴らして合図する。2回目には、早く作り終えるためにグループで話し合う作戦会議の時間がある。

Ⓒパズルゲーム…………カニや魚のかぶり物をつけたテスターが登場して指示を出す。エビやカニなどの大きな四角いパズルをお手本通りに作る。パズルの枚数は9枚、16枚と変わり、難易度が上がっていく。カードは大きいため、2人で1枚ずつを運ぶよう指示があり、お手本を見てから行う。できたらベルを鳴らして合図する。2回目には、グループで話し合う作戦会議の時間がある。

Ⓓお化け退治ゲーム……遠くにある大きなカゴの中から2つずつ玉入れの玉を持ってきて、指示された線から出ないようにして投げ、できるだけたくさんのお化けを倒すゲームをする。投げた玉を、大小の段ボール箱やハタキ、ほうきなどの道具を使って、元の大きなカゴに入れて片づける。どの道具を使うか、みんなで相談して決める。2回目には、道具の使い方も含めグループで話し合う作戦会議の時間がある。

運動テスト

◆ 模倣体操

床にある自分のマークの上でテスターのまねをして体操をする。
・グーで手を胸に当ててしゃがみ、パーでジャンプして両手両足を伸ばす。
・指示通りに左右にケンケンをする。
・飛行機のように両手を左右に広げ、片足バランスを行う。
・両手の指を親指から順番に折りながら、1から10まで数える。
・両足を開いて前屈をした後、腰に手を当てて後屈をする。

3 競 争

3人ずつで行う。男の子が走っているマークの四角からスタートして、以下の運動を行い、スタートの四角の中まで戻り、「気をつけ」の姿勢をとる。

A スタートの近くに大きいコーンがあり、マット、小さいコーンが数個と並んだ先に大きなコーンが置いてある。

・スタートの合図でスキップをして進み、先にある大きなコーンにタッチして、走って戻る。

・スタート地点の大きなコーンにタッチしてマットの上でクマ歩きをして、小さなコーンの間をジグザグ走りする。

・ジグザグ走りをした先の大きなコーンにタッチをして、スタートの四角の中まで走って戻り、「気をつけ」の姿勢をとる。

B スタートの近くに大きいコーンがあり、マット、足跡のマークと並んだ先に大きなコーンが置いてある。

・スタートの合図で走って先にある大きなコーンにタッチして、走って戻る。

・スタート地点の大きなコーンにタッチしてマットの上でイモムシゴロゴロをして、床の足跡のマークの通りにケンパーケンパーケンケンパーケンケンで進む。

・大きなコーンにタッチをして、スタートの四角の中までスキップで戻り、「気をつけ」の姿勢をとる。

C スタートの近くに大きいコーンがあり、ゴム段、足跡のマークと並んだ先に大きなコーンが置いてある。

・スタートの合図でスキップをして進み、先にある大きなコーンにタッチして、走って戻る。

・スタート地点の大きなコーンにタッチしてゴム段を3本跳んで、床の足跡のマークの通りにケンパーケンパーケンケンパーケンケンで進む。

・大きなコーンにタッチをして、スタートの四角の中まで走って戻り、「気をつけ」の姿勢をとる。

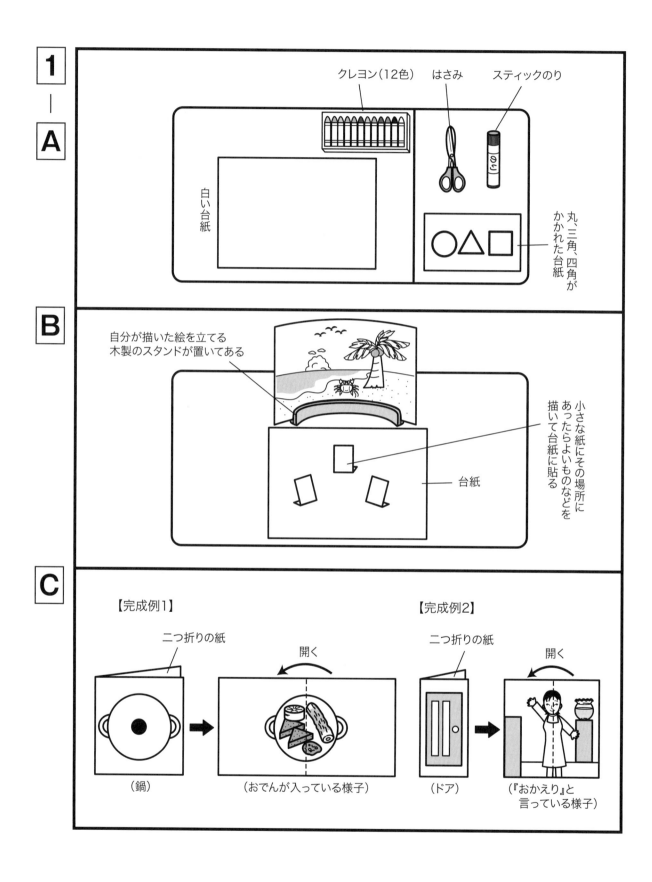

1 - A

白い台紙

クレヨン（12色）　はさみ　スティックのり

丸、三角、四角がかかれた台紙

B

自分が描いた絵を立てる木製のスタンドが置いてある

小さな紙にその場所にあったらよいものなどを描いて台紙に貼る

台紙

C

【完成例1】

二つ折りの紙

開く

（鍋）

（おでんが入っている様子）

【完成例2】

二つ折りの紙

開く

（ドア）

（『おかえり』と言っている様子）

2 — A

【タワー作りゲーム】

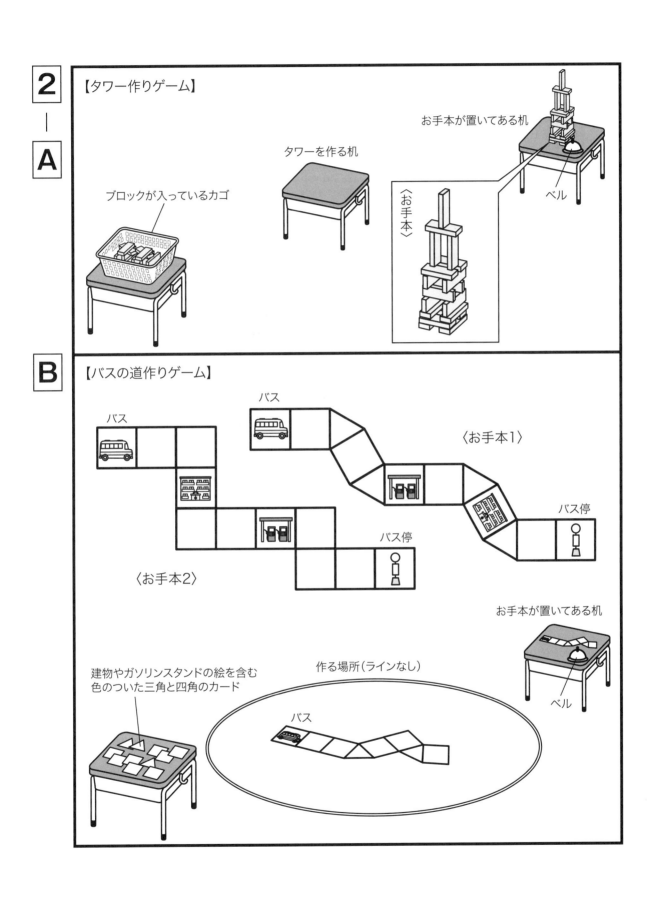

お手本が置いてある机

タワーを作る机

ブロックが入っているカゴ

〈お手本〉

ベル

B 【バスの道作りゲーム】

バス

バス

〈お手本1〉

バス停

バス停

〈お手本2〉

お手本が置いてある机

ベル

建物やガソリンスタンドの絵を含む
色のついた三角と四角のカード

作る場所（ラインなし）

バス

2013

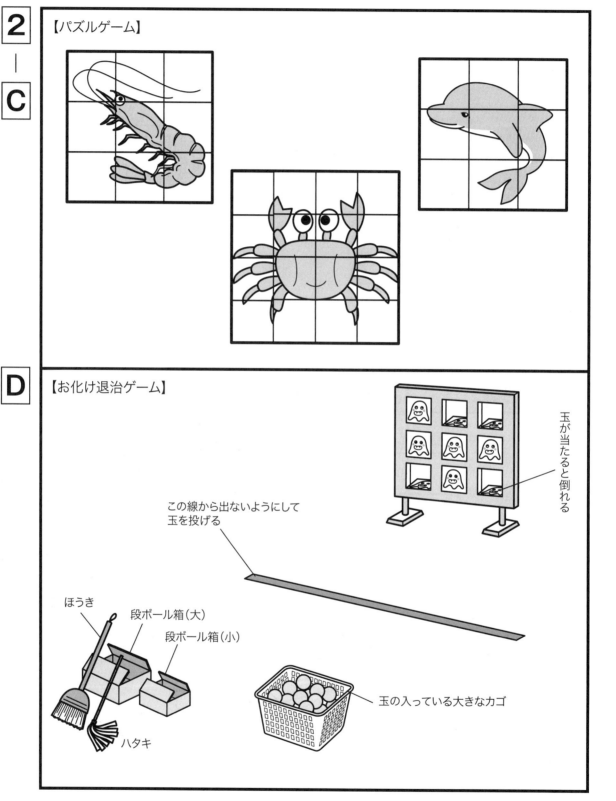

2

–C

【パズルゲーム】

D

【お化け退治ゲーム】

玉が当たると倒れる

この線から出ないようにして
玉を投げる

ほうき

段ボール箱（大）

段ボール箱（小）

ハタキ

玉の入っている大きなカゴ

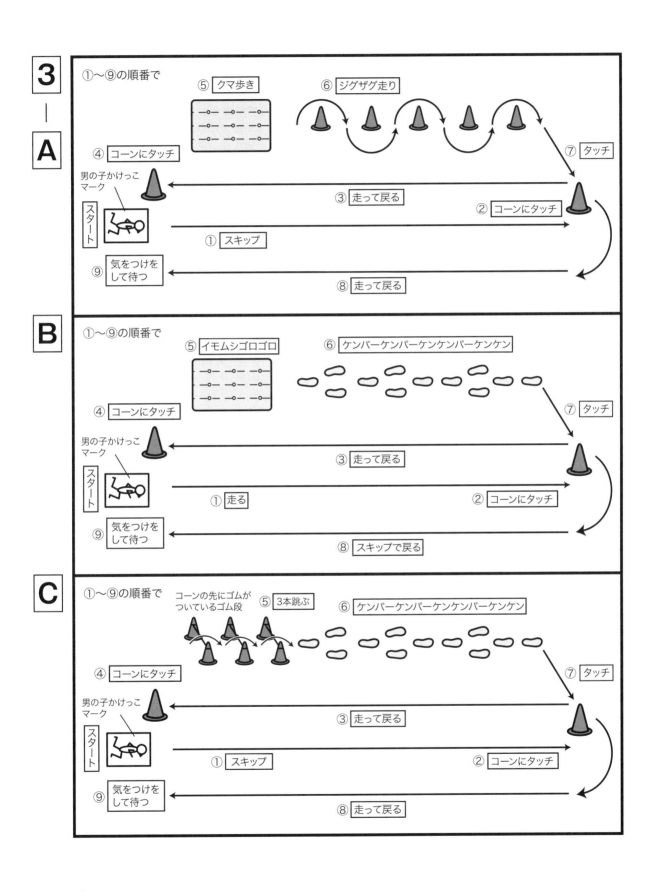

3 — A

①～⑨の順番で

⑤ クマ歩き
⑥ ジグザグ走り
⑦ タッチ
④ コーンにタッチ
男の子かけっこマーク
スタート
③ 走って戻る
② コーンにタッチ
① スキップ
⑨ 気をつけをして待つ
⑧ 走って戻る

B

①～⑨の順番で

⑤ イモムシゴロゴロ
⑥ ケンパーケンパーケンケンパーケンケン
⑦ タッチ
④ コーンにタッチ
男の子かけっこマーク
スタート
③ 走って戻る
② コーンにタッチ
① 走る
⑨ 気をつけをして待つ
⑧ スキップで戻る

C

①～⑨の順番で

コーンの先にゴムがついているゴム段
⑤ 3本跳ぶ
⑥ ケンパーケンパーケンケンパーケンケン
⑦ タッチ
④ コーンにタッチ
男の子かけっこマーク
スタート
③ 走って戻る
② コーンにタッチ
① スキップ
⑨ 気をつけをして待つ
⑧ 走って戻る

2012　慶應義塾幼稚舎入試問題

選抜方法

考査は女子が先の3日間、1日おいて男子が後の4日間という日程のうち、1日を指定される。男子・女子とも、生年月日の年長者グループと年少者グループの2つに分けられ、それぞれのグループの月齢の低い方から約20人単位で集団テストと運動テストを行う。指定通りに体操服を持参し、控え室で着替えてから考査会場に向かう。所要時間は約1時間30分。

集団テスト

玄関で受験票を提示し、当日の内容や注意事項が書かれた印刷物を1枚もらう。控え室となっている教室前でもう一度受験票を提示すると座席の番号を言われるので、その番号の席に保護者と並んで座って待つ。呼び出し時刻になったら指示通り体操服に着替え、運動靴に履き替える。約20分後、受験票を持って並び、移動のときの注意事項（走らない、前の人を抜かさない、おしゃべりをしない）を聞いてから考査会場に向かう。それから約1時間30分後に控え室に戻る。考査会場のいすや床には、形と色別のマークがついており（○、△、□、☆、♡などの形が、それぞれ赤、緑、黄色などの各色に分かれている）、考査は指定された自分のマークのところで行う。最初の教室で番号のついたランニング型のゼッケンをつける。

絵　画

スモックを着用し、12色のクレヨンを使用。

（女子）

・「お母さんのお誕生日にプレゼントをあげようと思った。お母さんはプレゼントはいらないと言ったけれども、何をあげようか考えた」というお話を聞いた後、誰かにあげるプレゼントの絵を描く。

（男子）

・「食いしん坊の男の子がごはんをたくさん食べた。一番好きな晩ごはんを食べてから遊ぶ」というお話を聞いた後、ごはんを食べてから寝るまでにすることの絵を描く。

・「けがをしたスズメの手当てをして逃がしてあげた。夢の中でスズメからどこにでも行ける箱をもらった。起きると本当に箱があった」というお話を聞いた後、誰とどこに行きたいかを考えて絵を描く。

制作・巧緻性

（女子）

・「自分のお誕生日が楽しみで眠れない。お誕生日会でたくさんのプレゼントをもらう」というお話を聞いた後、自分のお誕生日に欲しいものを作る。材料として、白い厚紙、モール、折り紙があり、自由に取りに行く。のり、セロハンテープ、はさみは自分の机の横の台に置いてある。その後、プレゼントをもらっているところの絵を描く。

・「お出かけが好きな女の子がお出かけを楽しみにしている。何を着ていこうか考えた」というお話を聞いた後、お出かけするときに着る洋服を作る。白い厚紙にひもがついているものに飾りつけをして作っていく。材料として、上質紙、モール、お花紙があり、自由に取りに行く。のり、セロハンテープ、はさみ、布製のエプロンなどが自分の机の横の台に置いてある。エプロンをつけてから始める。

（男子）

・「男の子が乗り物に乗ってお出かけをした。楽しかったので、それをお母さんに話してあげようと思った」というお話を聞いた後、粘土で乗り物を作る。終わったらウエットティッシュで手をふく。その後、乗り物に乗っていきたい場所の絵を描く。

・「幼稚園の遠足で畑に野菜を採りに行った。お家に持って帰って料理するのが楽しみだと思った」というお話を聞いた後、6色の粘土で野菜や果物を作る。終わったらウエットティッシュで手をふく。その後、採ったものを持って帰ってどうしたいかの絵を描く。

言　語

絵画や制作をしている間に、模擬のマイクを持ったテスターたちから質問される。

・何を描いていますか。

・何を作っていますか。

自由遊び

折り紙、積み木、パターンブロック、プラスチック製ブロック、お手玉、あやとり、パズル、輪投げ、コマ、おはじきなどを使って自由に遊ぶ。

言　語

自由遊びの最中に、3人ずつテスターに呼ばれる。また、待っている間、3人で神経衰弱ゲームをする。

（女子）

好きな動物、絵本、食べ物、いつもしているお手伝い、行きたいところはどこか、大きくなったらなりたいもの、うれしかったことなどを聞かれて答える。

（男子）

好きな人、好きな運動、好きなテレビ番組、好きな歌、好きな遊び、お買い物についていったときにどこで何を買うか、えらいと思う人は誰か、得意なことなどを聞かれて答える。

運動テスト

模倣体操

床にある自分のマークの上でテスターのまねをして体操する。

・グーで手を胸に当ててしゃがみ、パーでジャンプして両手両足を伸ばす。

・真ん中の印から右側へ8歩、右足でケンケンをしていき、同じように印まで戻る。次に左側へ8歩、左足でケンケンをし、同じように印まで戻る。

・飛行機のように両手を左右に広げ、片足バランスを行う。

・両手の指を親指から順番に折りながら、1から10まで数える。

・腰に手を当てて前後屈をする。

・ひざの屈伸をする。

競　争

3人ずつで、①、②と続けて行う。

①スタート地点の青い四角から走っていき、ゴム段を跳んで、跳んで、くぐる（または、3本跳ぶ）。次に、コーンを回り、ゴールの赤い四角まで走っていき、四角の中で「気をつけ」の姿勢をとる。

②スタート地点の青い四角から走っていき（または、スキップ、ケンケン、ギャロップなどグループによって指示がある）、帽子をかぶったテスターに向かってボール（大）を1つ投げ、テスターが転がしたボールを受け取る。これを2回くり返す。次に、ゴールの赤い四角まで走っていき、四角の中で「気をつけ」の姿勢をとる。

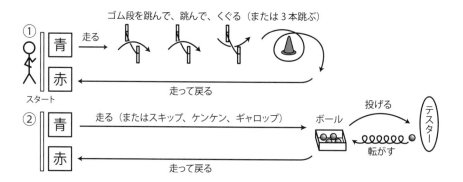

2011 慶應義塾幼稚舎入試問題

選抜方法

考査は女子が先の3日間、1日おいて男子が後の4日間という日程のうち、1日を指定される。男子・女子とも、生年月日の年長者グループと年少者グループの2つに分けられ、それぞれのグループの月齢の低い方から約22人単位で集団テストと運動テストを行う。指定通りに体操服を持参し、控え室で着替えてから考査会場に向かう。所要時間は約1時間30分。

集団テスト

玄関で受験票を提示し、当日の内容や注意事項が書かれた印刷物を1枚もらう。控え室となっている教室前でもう一度受験票を提示すると座席の番号を言われるので、その番号の席に保護者と並んで座って待つ。呼び出し時刻になったら指示通り体操服に着替え、運動靴に履き替える。約20分後、受験票を持って並び、移動のときの注意事項（走らない、前の人を抜かさない、おしゃべりをしない）を聞いてから考査会場に向かう。それから約1時間30分後に控え室に戻る。考査会場のいすや床には、形と色別のマークがついており（○、△、□、☆、♡などの形が、それぞれ赤、青、緑、黄色、紫の各色に分かれている）、考査は指定された自分のマークのところで行う。最初の教室で番号のついたランニング型のゼッケンをつける。

絵 画

クレヨンは各自の机に置いてある。

（女子）

・「明日は遠足の日。朝、雨が降っていて『遠足に行けないよ』と怒っていた男の子は、てるてる坊主をいっぱいベランダにつるした。次の日には晴れて、遠足に行けた」というお話を聞いた後、自分はどんなときに笑顔になるか、クレヨンで絵を描く。

・1人ずつカゴと5枚のお買い物券が配られ、1枚につき1つの品物（模擬の野菜や果物など）を買うというお約束でお買い物をしてくる。テスターが青い帽子をかぶってお店の人の役をしている。買ったものはカゴに入れたまま机に戻り、その買ったものを使ったお料理の絵をクレヨンで描く。

（男子）

・小さなマットに座って、テレビを観る。テレビにはマイクを持った女性の先生が、2、3人の先生にインタビューをしているところが映る。「あなたのニュースは何ですか」

という質問に、夏に山登りをして昆虫を捕ったことやイヌが赤ちゃんを産んだことなどのお話をする。次に、テレビに映っていた先生が部屋に登場した後、その先生から「あなたのニュースは何ですか」と質問される。その後、机に戻って自分のニュースはどんな内容か、クレヨンで絵を描く。

1 制作・巧緻性

（女子）

Ａお弁当作り…エプロンをつけて、白い紙にかいてある黒の楕円形をお弁当箱として、お弁当を作る。各自の机の上にスティックのりとはさみが置いてある。真ん中の大きい机の上にある白、黄色、黄緑などのお花紙や白、茶色、赤、オレンジ色、黄色、黄緑などの折り紙を取ってきて自由にお弁当を作る。

（男子）

Ｂペープサート作り…テスターがライオンの絵のペープサートと高速道路で車が走っている絵を使い、自分がライオンになって車と競走しているというお話をする。お話を聞いた後、自分がなりたいもののペープサートを作り、行きたいところの絵を描く。画用紙に丸と正方形、長四角がかいてあり、3つの形のうちの1つに自分がなりたいものをクレヨンで描き、はさみで形を切り取ってからストローをつけてペープサートを作る。もう1枚の画用紙に行きたいところの絵を描く。

Ｃ紙相撲…説明を聞いてから紙のお相撲さんを作り、紙相撲をして遊ぶ。画用紙には、右と左から見たお相撲さんの絵が描いてあり、もう1枚には、切り取る線だけがかかれている。初めに、お相撲さんの周りにかいてある線を切り取り、真ん中の点線で折ってお相撲さんを作る。もう1枚は自分で好きなようにお相撲さんの絵を描いてから周りの線を切り取って作る。作ったら、机の上の土俵で2体を対戦させて遊んでよい。部屋の中央の机の上に土俵が置いてあり、自分で作ったお相撲さんを持ってきて、いろいろな人と対戦して、紙相撲遊びをする。

・お面作り…丸や楕円、四角、六角形などの形の画用紙を1枚使って自分がなりたいもののお面を作る。細長い形の色画用紙を持ってきて飾りつけに使ってもよい。作ったお面にはテスターがバンドをつけてくれる。そのお面をかぶって、なりたいものになって何をしたいかの絵を画用紙にフェルトペン（8色）で描く。

🔷 言　語

絵画や、制作をしている間に複数のテスターたちから質問される。

・どんな絵を描いていますか。

・何を作っていますか。

・これは何ですか。

2 行動観察

3つのグループに分かれ、グループごとに黄色、青、赤の帽子をかぶって行う。

Ⓐボール運びゲーム…ゴザや木の棒、おたま、お風呂の中で使うマットなどの道具を使って、サッカーボール、ラグビーボール、バレーボールなどをチームで協力して、すべて別のカゴに移動させるゲームを行う。1回目のゲームの後に作戦会議をしてから2回目を行う。

Ⓑお買い物ゲーム…模擬の果物や野菜などの食べ物を取ってくるゲームを行う。テスターから、3種類くらいの食べ物をそれぞれいくつ取ってくるか口頭で指示が出される。チームで誰が何を取ってくるか相談して決める。ただし1人で2つまでしか取ってきてはならない。取ってきた野菜や果物はフープの中に入れる。もしもわからなくなったら、各チームの箱の中にあるヒントの絵を見てもよい。1回目のゲームの後に作戦会議をしてから2回目を行う。

Ⓒ玉入れゲーム…新聞紙で玉を作り、カゴに投げ入れて数を競う玉入れゲームを行う。新聞紙は破って丸めたり、セロハンテープで留めたりしてもよいなどの説明がある。作った玉をみんなで協力して自分のチームのカゴに投げ入れる。1回目のゲームの後にどうやったら勝てるか作戦会議をしてから2回目を行う。

運動テスト

🔷 模倣体操

・グーで手を胸に当ててしゃがみ、パーでジャンプして両手両足を伸ばす。これをくり返す。

・真ん中の印から左足ケンケンで左へ8歩、帰りは右足ケンケンで8歩移動して戻る。

・「1、2、3、4、5、6……10」のかけ声に合わせて、両手とも親指から1本ずつ折

ったり開いたりする。

・両足を開き、前屈や後屈などを行う。

・飛行機のように両手を左右に広げ、片足バランスを行う。

３ 競 争

３人ずつで、青の四角からスタートして以下の課題のいずれかを行い、ゴール地点の赤の四角まで行く。

Ａ青の四角からスタートして、走って（またはスキップして）進み、カゴの中のボールを床のラインから１〜９の数字が書いてある的に投げる。ボールは２つだけ投げ、投げた後のボールはそのままで、ゴム段１本を跳んで１本はくぐって赤の四角にゴールする。

Ｂ青の四角からスタートして、走って（またはスキップして）進み、カゴの中のボールを床のラインから投げ、ひな壇のような台に並べてあるボウリングのピンを倒す。ボールは２つだけ投げ、投げた後のボールはそのままで、ゴム段３本を１本ずつ跳び越えて赤の四角にゴールし、「気をつけ」の姿勢をとる。

Ｃ青の四角からスタートして、左右５回ずつのケンケンをしながら進み、カゴの中のボールを１つ取って床のラインから的に向かって投げ、ボールは拾ってカゴに戻す。次に、ゴム段３本を順に跳んで、くぐって、跳んで赤の四角にゴールする。

・青の四角からスタートして、スキップ（またはギャロップ）で進み、前方のコーンを回ったら、走って赤の四角にゴールする。

・青の四角からスタートして、ケンケンで進み、途中で足を替えてケンケンで進み、前方のコーンを回ったら、走って赤の四角にゴールする。

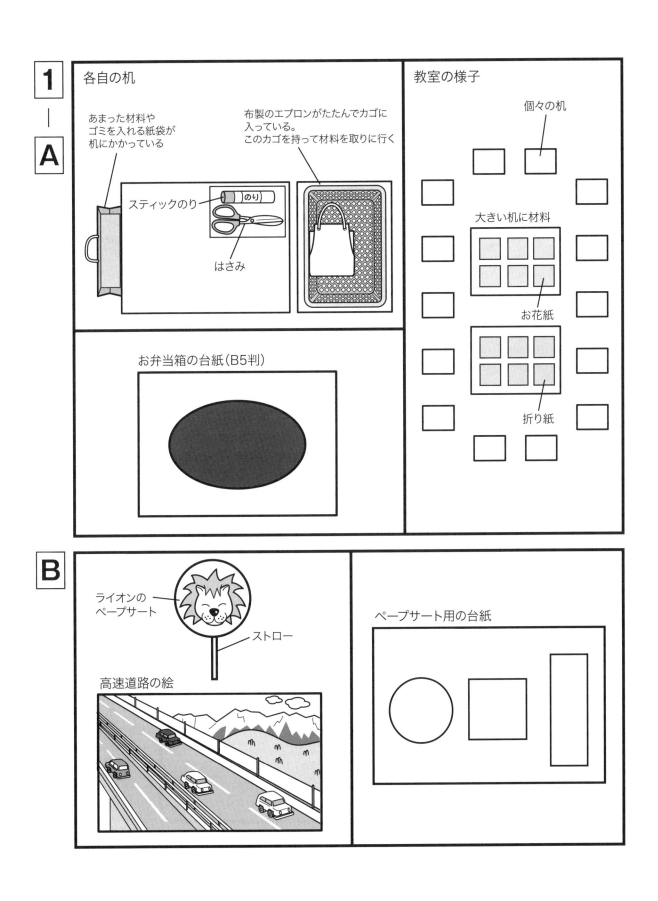

1-A

各自の机

あまった材料や
ゴミを入れる紙袋が
机にかかっている

布製のエプロンがたたんでカゴに
入っている。
このカゴを持って材料を取りに行く

スティックのり

のり

はさみ

お弁当箱の台紙（B5判）

教室の様子

個々の机

大きい机に材料

お花紙

折り紙

B

ライオンの
ペープサート

ストロー

高速道路の絵

ペープサート用の台紙

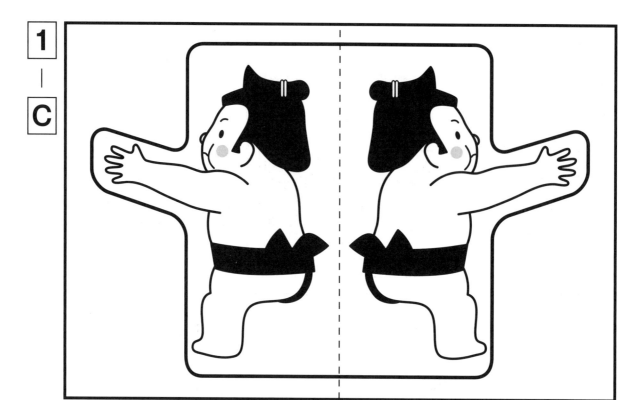

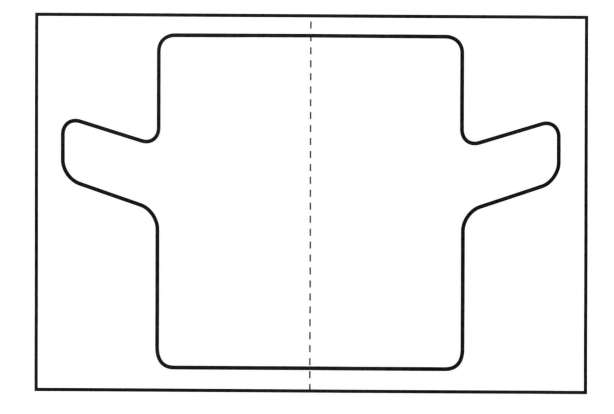

2 — A

【ボール運びゲーム】

B

【お買い物ゲーム】

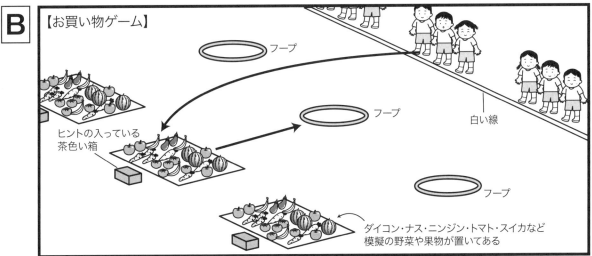

C

【玉入れゲーム】

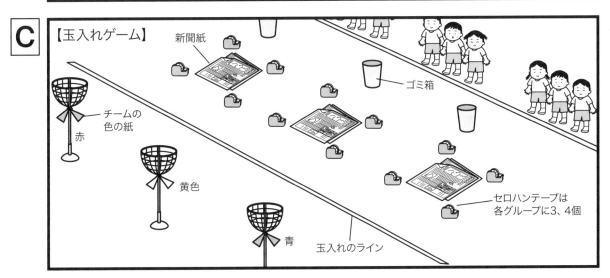

3
—

A

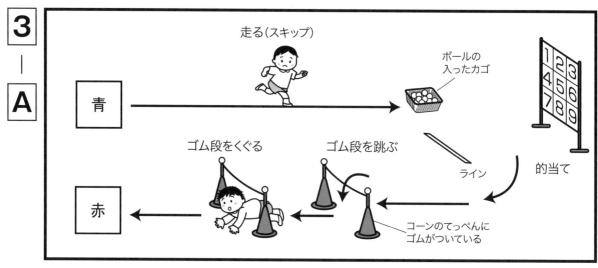

B

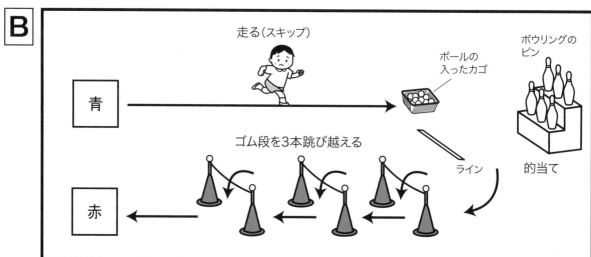

C

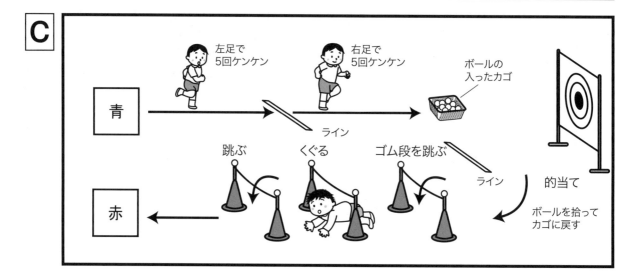

2010 慶應義塾幼稚舎入試問題

選抜方法

考査は女子が先の3日間、1日おいて男子が後の4日間という日程のうち、1日を指定される。男子・女子とも、生年月日の年長者グループと年少者グループの2つに分けられ、それぞれのグループの月齢の低い方から約25人単位で集団テストと運動テストを行う。指定通りに体操服を持参し、控え室で着替えてから考査会場に向かう。所要時間は約1時間15分。

集団テスト

玄関で受験票を提示。そこで当日の内容や注意事項が書かれた印刷物を1枚もらう。控え室となっている教室前でもう一度受験票を提示すると、座席の番号を言われるので、その番号の席に保護者と並んで座って待つ。呼び出し時刻になったら、指示通り体操服に着替え、運動靴に履き替える。約10分後、受験票を持って番号順に並び、3つの注意事項（走らない、前の人を抜かさない、おしゃべりをしない）などを聞いてから考査会場へ向かう。約1時間15分後に控え室に戻ってくる。考査会場のいすや床には、形と色別のマークがついており（○、△、□、☆、♡などの形が、それぞれ赤、青、緑、黄色、オレンジ色の各色に分かれている）、自分のマークを覚えておく。最初の教室で、控え室の番号と同じ番号のランニング型のゼッケンをつける。

絵 画

クレヨンは教室の隅に置いてあり、必要な色を持ってきて描く。

（女子）

- 天使が赤ちゃんに魔法をかける「かみさまからのおくりもの」の紙芝居を観た後、自分だったら赤ちゃんにどんな贈り物をするかを絵に描く。B4判の白、赤、青、黄色などの画用紙から1枚を選び、クレヨンで絵を描く。
- 男の子がいろいろな動物の写真を撮るという内容の紙芝居を観た後、白い折り紙を手でちぎって画用紙にスティックのりで貼り、それを使って動物の絵を描く。台紙の色画用紙は、何色かある中から自由に選ぶ。
- 女の子とお母さんがお弁当を作るという内容の紙芝居を観た後、自分が女の子だったらどこに食べに行きたいかを絵に描く。B5判の白、赤、青、黄色などの画用紙から1枚を選ぶ。次に、持っていきたいものの絵を丸い紙に描き、バッグの形の紙にスティックのりで貼りつける。

（男子）

・卵が割れて中からいろいろなものが生まれて大きくなるという内容の歌を歌って踊った後、大きくなったら何になりたいか絵を描く。Ｂ４判の白、赤、青、黄色などの画用紙から１枚を選ぶ。

・おじいさんが木の中に住んでいる人に願いをかなえてもらうという「３つのねがい」の紙芝居を途中まで観て、自分だったらあと２つの願いは何にするか、クレヨンで絵を描く。Ｂ４判の白、赤、青、黄色などの画用紙から２枚を選ぶ。

・Ｂ５判くらいの白画用紙に動物の顔をクレヨンで描き、周りを切り取ったら、テスターにお面にしてもらう。お面が完成した子から、Ｂ４判の色画用紙に動物の食べ物の絵を描く。何枚描いてもよい。

・動物のパペット（ミトン型の手人形）を作り、その動物が食べるものを描く。まず、Ｂ５判くらいの色画用紙を半分に折り、横の端と上をセロハンテープで貼りつけ、手が入るような形を作る。その後、動物の顔と体をペンで描く。毛糸や丸、三角の形の色画用紙もあり、自由に使ってよい。パペットが完成した人から、Ｂ４判の白い画用紙に動物の食べ物の絵をペンで描く。何枚描いてもよい。

・「はたらくくるま」という歌のビデオを観た後、車や道路の絵を描く。パトカーや消防車、クレーン車などのミニカーの中から好きなものを選び、それを見ながら色画用紙にクレヨンで絵を描く。描き終わって時間があったら、ミニカーと絵で遊んでもよい。

◢ 制 作

（女子）

・ドングリが通る道を作る。板状の段ボール紙に、トイレットペーパーの芯を縦半分に切ったものやセロハンテープを使って、ドングリが上から下まで転がっていくようなコースを作る。

（男子）

・ドングリが通る道を作る。「どんぐりころころ」を歌いながら手遊びをした後、板状の段ボール紙に、ストローやセロハンテープ、はさみを使って、ドングリが転がっていくコースを作る。スタートとゴールにシールを貼り、フェルトペンで絵を描き足す。

◢ 言 語

制作のときに、テスターたちから質問される。

・何を作っているのですか。

・大きくなったら何になりたいですか。

・ここはどうやって作ったのですか。

行動観察

グループごとに、黄色、青、緑の帽子をかぶって行う。

・大玉転がし…3グループに分かれ、それぞれのグループで2人組になり、大きい玉を転がしてコーンを回って戻ってくる競争をする。

・ボール送りリレー…3グループに分かれ、グループごとに1列になってボールを送る競争をする。最初の子は頭の上、次の子は足の間、次の子は頭の上というように上下交互にボールを送っていく。

・ボール運びリレー…グループごとに段ボール紙にボールを載せ、落とさないように運ぶ競争をする。ボールは、まずラグビーボールで行った後、グループで相談してピンポン球やドッジボールなどの中から選んで行う。

・宝物取りゲーム…3グループに分かれ、2グループごとの対抗で、1ヵ所に置かれているしま模様のボール状のものや多くの軟らかい素材の棒、ひもを自分たちの陣地に持ってくるゲームを行う。より多く持ってきたグループが勝ち。持ってくるときに、引っ張り合ったり、取り合ったりをしてはいけない。2グループで行っているとき、残った1グループは応援をする。

・グループ作り…テスターが「今食べたいもの」や「飼いたいもの」「マーク」「好きな季節」「動物」などのテーマを言う。その質問の答えが同じお友達を見つけてグループを作って座る。答えとして、そばやラーメン、うどんなどの選択肢をテスターから与えられることもある。

・パズル構成…3グループに分かれて、グループごとに箱のパズルを組み立てる。正義のヒーローのスーパーレッド（テスターが赤いヒーローの服を着ている）がやって来て、ほかのヒーローの絵になるようにパズルを組み立ててくれとお話しする。パズルは、立方体で9個の面を合わせるとヒーロー（ケンドークン、ナイトクン、カンフークン）の姿になる。絵は表面と裏面に描かれている。

運動テスト

年少者グループにはテスターが説明して、体操と競争Ⅰの課題のうちいずれかを行う。年

長者グループは次のようにどれか1つの紙芝居を観た後、体操と競争IIの課題のうちいずれかを行う。

📖 指示行動

- 初めに床に座って、「浦島太郎」の紙芝居を観る。紙芝居は、浦島太郎が玉手箱を開けるところで終わる。浦島太郎の弟という浦島次郎（テスターがちょんまげのカツラをかぶり、刀を差して武士のような格好をしている）が登場して、「みんなで竜宮城に遊びに行こう」と言って、体操や指示行動のお手本を見せてくれる。ほかに、カエルやフグの着ぐるみのテスターも登場する。
- 床に座って「さるかに合戦」の紙芝居を観る。紙芝居は、カニがサルにカキをぶつけられたところで終わる。桃太郎の弟という桃次郎（テスターが武士のような格好をしている）が登場して、「サルを退治しに行こう」と言って、体操や指示行動のお手本を見せてくれる。ほかに、キツネやイヌの着ぐるみのテスターも登場する。
- 床に座ってヒーローが登場して敵と対決するという内容の紙芝居を観る。正義のヒーロー（テスターが赤い服を着て、ベルトや頭に飾りをつけ、ヒーローの格好をしている）が登場して、体操や指示行動のお手本を見せてくれる。ほかに、キツネの着ぐるみのテスターも登場する。

📖 模倣体操

- 「1、2、1、2」の号令に合わせて、その場で足踏みをする。
- 体を前に倒したり、後ろに反らしたりして前後屈を行う。
- ケンケンで、「1、2、3……」の号令に合わせて右足で右へ8歩、左足で左に8歩進む。
- 号令に合わせてひざの屈伸を行う。
- 両手を横に伸ばしたまま片足バランスをして、上げた足を前後に動かし、後ろに伸ばして飛行機のようにして止める。
- ジャンプをして両手両足を合わせる。
- 手をグーパーしながら腕を曲げ伸ばしする。
- その場で回ってポーズをとる。
- ジャンプをして着地と同時にポーズをとる。

📖 競争I（年少者グループ）

自分のマークのいすに座って待ち、指示があったら印のところに立って順番を待つ。3人ずつで以下のいずれかの運動を行う。

- ボールの入っているカゴまで走って（またはスキップをして）いき、カゴからボールを取って的に向かって投げる。次に、ボールを拾ってカゴに戻してから、マットの上であおむけになり、手足を伸ばして横に転がって指示された印に戻る。

・ゴム段を跳び、走ってトランポリンのところまで行って2回跳ねてから、カゴからボールを取って的に向かって投げる。次に、ボールを拾ってカゴに戻し、走って指示された印に戻る。

・クマ歩きをし、カゴからボールを取って的に向かって投げる。ボールを拾ってカゴに戻し、トランポリンのところまで行って2回跳ねる。次に、1本のゴム段を跳んだらすぐにゴム段の下をくぐって、また跳び、指示された印まで走って戻る。

・トランポリンのところまで走っていき3回跳ねる。次に、カゴからボールを取って的に向かって投げる。ボールを拾ってカゴに戻し、ゴム段2本を順に跳んで、3本目のゴム段をくぐり、走って指示された印に戻る。

・線のところまでクマ歩きをしてから、ボールのあるところまで走っていき、的に向かってボールを投げる。次に、トランポリンの上で3回跳ね、1本のゴム段を2回跳んで、最後に1回くぐって指示された印に戻る。

🏅 競争Ⅱ（年長者グループ）

・「ヨーイ、ドン」の合図で、少し離れて置かれている5、6個の円柱の台の上を落ちないように渡っていく。次にクネクネと曲げて置かれている木の台の上を落ちないように渡る。

その後の指示は以下のようにグループや男女によって異なる。

・マットの上で前転をして、跳び箱の上に登って飛び降りる。次に、走っていってゴム段3本を跳んで、決められた棒の横に気をつけをして待つ。最後に、テスターの指示で自分のマークのいすに座って待つ。

・マットの上でアザラシ歩きをして、跳び箱の上に登って飛び降りる。次に、走っていってオオカミの足跡の上をグーパーグーパーパーグーグーパーと跳んで、決められた棒の横に気をつけをして待つ。最後に、テスターの指示で自分のマークのいすに座って待つ。

・マットの上でアザラシ歩きをして、跳び箱の上に登って飛び降りる。次に、1本のゴム段を跳んでくぐって跳んで、決められた棒の横に気をつけをして待つ。最後に、テスターの指示で自分のマークのいすに座って待つ。

・網をくぐって、跳び箱の上に登って飛び降りる。次に、走っていってゴム段3本を順にくぐって跳んでくぐって、決められた棒の横に気をつけをして待つ。最後に、テスターの指示で自分のマークのいすに座って待つ。

■ 選抜方法

考査は、男子４日間、続いて行われた女子３日間のうち１日で、生年月日の年少者より日時が指定され、約25人単位で集団テストと運動テストを行う。指定通り動きやすい服を持参し、控え室で着替えてから考査会場に向かう。所要時間は約１時間10分。

┃ 集団テスト ┃

玄関で受験票を提示。そこで当日の内容や注意事項が書かれた印刷物を１枚もらう。控え室の教室前でもう一度受験票を提示して、座席の番号を言われる。呼び出し時刻になったら、指示通り持参した服に着替え、運動靴に履き替える。約10分後、受験票を持って並び、３つの注意事項（走らない、前の人を抜かさない、おしゃべりをしない）などを聞いて、廊下から考査会場へ向かう。それから約１時間後に、廊下側から戻ってくる。考査会場のいすや床には、形と色別のマークがついており（○、△、□、☆、♡などの形が、それぞれ赤、青、緑、黄色、オレンジ色の各色に分かれている）、自分のマークを覚えておく。考査会場の最初の教室で、控え室の番号と同じ番号のランニング型のゼッケンをつける。

■ 制　作

（男子）

・ケン玉を作る。紙コップにはあらかじめ穴が開いており、そこに赤いひもを通し、コップの内側に玉結びで留める。結んでいない方のひもの先にアルミホイルを丸めたボールをセロハンテープでつける。コップには、カラーペンや折り紙で模様をつける。折り紙ははさみで切り、スティックのりやセロハンテープでつける。

・ロボットや一番好きな人を作る。大きさの違う２つの白い箱、ガチャガチャの丸いカプセル、紙テープ、モール、色画用紙、セロハンテープ、はさみなどを使う。

・空を飛ぶものを作る。細長い透明なビニール袋に空気を入れて、口をねじってセロハンテープで留めたものをベースに、折り紙、すずらんテープ、カラーペン、セロハンテープ、はさみなどを使って飾りや模様をつける。

・水に浮く生き物や乗り物を作る。ふたのついたペットボトルのようなプラスチック容器をベースに、紙やプラスチックのコップ、ガチャガチャの丸いカプセル、ストローのほか、カラーペンとセロハンテープとはさみを使って行う。完成後は吸盤で取りつけ可能なモーターをつける。グループによっては、プラスチックのブロックや木の板をベースに使って行う。

（女子）

- 海の生き物を作る。刺身を入れるような長四角のトレーや、カップめんに使われるようなおわん形の容器をベースに、モール、ストロー、バラン、カラーペン、セロハンテープ、はさみなどを使う。
- 人形や動物を作る。ペットボトルのようなプラスチック容器をベースに、モール、ストロー、色画用紙、ビーズ、カラーペン、セロハンテープ、はさみなどを使う。
- 笛を作る。白い紙を巻いた空き缶の口の部分に、ストローをセロハンテープで取りつけたものをベースに、シール、折り紙、カラーペン、セロハンテープ、はさみなどを使って飾りや模様をつける。

◼ 言　語

制作のときに、テスターから質問される。
- 何を作っているのですか。
- 大きくなったら何になりたいですか。
- ここはどうやって作ったのですか。
- どこにすんでいる生き物ですか。
- 誰が釣ってきた生き物ですか。

◼ 行動観察

制作のときに作ったものを使用する。
（男子）
- ビニール袋で作った空を飛ぶものを実際に飛ばして遊ぶ。飛ばす順番を守ることや、線から出ないことなどのお約束を守って行う。
- プラスチック容器で作った水に浮くものを実際にビニールプールに浮かべて遊ぶ。テスターから遊び方やお約束などの指示はなく、2つのグループに分かれて行う。

（女子）
- 発泡スチロール容器で作った海の生き物を実際にビニールプールに浮かべて釣りをして遊ぶ。釣りざおはテスターから渡される。お友達の釣り糸に絡ませないことや、釣るのは自分の作った海の生き物だけにすることなど、テスターからお約束を聞いて行う。
- 空き缶で作った笛やマラカス、トライアングル、鈴などを使って「おもちゃのチャチャチャ」などの曲を演奏する。楽器は自分で選んで演奏する。

◼ 自由遊び

ボウリング、的当て、輪投げ、スーパーボールすくい、ヨーヨー釣りのコーナーが並ぶお祭り広場で遊ぶ。それぞれのお店では、守るべき簡単なルールがある。

🔖 指示行動

指示に従って探検ルートを通り、オニ退治をする。オニ退治の方法は、グループによって異なる。

- 自分のマークのついた場所に座って順番を待ち、2〜4人ずつで指示されたようにオニ退治をしに行く。オニのほかに、サルやレッサーパンダのような格好をしたテスターが説明する。床にたくさんの足や手のマークが置いてあり、足のマークの上だけに乗って進んでいく。手のマークの上には乗ってはいけない。次に平均台を渡り、山（跳び箱8段くらいの高さ）に登って下りる。ここで、一度自分のマークの場所に戻る。マットの上にはオニが寝ているので、そのオニを起こさないようにゴム段を3本跳んでいく。その後、グループによって以下のように行う。

- テスターと一緒に「オニ出てこーい」「オニは外」などと大きな声で言ってオニを起こし、お手玉をオニに投げつけて退治する。全部投げ終わったらお手玉を拾って、元の場所に戻す。

- 段ボール紙9枚でできた恐竜のパズルが3つ用意してあり、オニがそのパズルを壊しに来る。3つのグループに分かれ、グループごとにオニが壊したパズルを直す。次に、お手玉を、赤と白それぞれ1つずつオニに投げつけて退治する。お手玉はグループごとに順番に投げるようテスターから指示がある。全部投げ終わったらお手玉を拾って、元の場所に戻す。

- 2つのグループに分かれてオニ退治をする。ハンドベルを鳴らして寝ているオニを起こし、お手玉をオニに投げつけて退治する。全部投げ終わったらお手玉を拾って、元の場所に戻す。

運動テスト

🔖 模倣体操

床にかいてある自分のマークのところに立って、テスターのまねをして体操をする。日によって、忍者の格好をしたテスターが「忍者の術をやります」と言いやり方を説明したり、イヌやサルの格好をしたテスターがやり方を説明したりする。

- 「1、2、1、2」の号令に合わせて、その場で足踏みをする。
- 「1、2、1、2」の号令に合わせて、手を前に出したり戻したりする。
- 体を前に倒したり、後ろに反らしたりして前後屈を行う。
- 片足バランスを合図があるまで行う。
- ケンケンで「1、2、3、4、5」の号令に合わせて、言われた数だけ左右に移動する。
- 両手の指を開いて前に出し、「1、2、3、4、5、6……10」のかけ声に合わせて、

両手とも親指から1本ずつ折ったり、小指から開いたりする。

・両手を広げ、片足立ちになって浮いた足を前後に動かして飛行機のポーズをとる。

◤ 競　争

いすに座って順番を待ち、3人ずつで指示されたように運動を行う。ラインの上にかかれたバツ印に立ち、合図でコーンのところまで走っていって、コーンの上に置いてある軟らかいボールを忍者の絵に向かって投げる。終わったら、ボールを拾ってコーンの上に戻す。この後の指示は男女やグループによって以下のように異なっている。

・コーンの間に張られたゴム段3本を、走って跳び越していきバツ印に戻る。

・コーンの間に張られたゴム段3本を、2本は走って跳び越し、1本はくぐった後ケンケンでバツ印に戻る。

・コーンの間に張られたゴム段3本を、2本は走って跳び越し、1本はくぐった後マットの上の網をくぐってバツ印に戻る。

・コーンの間に張られたゴム段3本を、2本は走って跳び越し、1本はくぐった後クマ歩きでバツ印に戻る。

慶應義塾幼稚舎
入試シミュレーション

・入試シミュレーションの解答は省略しています。

慶應義塾幼稚舎入試シミュレーション

1 絵画（創造画）

・かいてある線や形を使って、何かわかる絵を描きましょう。向きを変えてもよいですよ。

2 絵画（創造画）

・かいてある形を使って、何かわかる絵を描きましょう。向きを変えてもよいですよ。

3 絵画（創造画）

・かいてある線を使って、何かわかる絵を描きましょう。向きを変えてもよいですよ。

4 絵画（想像画）

お話を聞いて絵を描きましょう。

「あるところに、冒険が大好きなペペという男の子がいました。ペペは毎日山や川へ遊びに行き、面白いものを見つけては喜んで帰ってきました。山では、ピカピカ光る7色のキノコを見つけたり、川では、足があって歩くことのできる魚を見つけたりと、毎日の冒険が楽しくて仕方がありません。ある日、ペペは漁師のおじさんに頼んで船に乗せてもらえることになりました。ペペは海ではどんな面白いものが見つかるかとワクワクしながら船に乗りました。しかし、突然強い嵐が来て、船が沈んでしまいました。泳ぎの上手なペペは何とか近くの島へたどり着くことができました。しかし、その島は何とも不思議なことばかりの島でした」

・島の下の海にはどんな世界が広がっているでしょうか。島の下に描きましょう。

・ペペがたどり着いたのはどんな島だったか、想像して描きましょう。

5 絵画（条件画）

・洋服を描き足して、自分が一番すてきに見える格好にしましょう。

6 制　作

・厚紙を好きな形に切って、割りばしに貼りつけて帆を作りましょう。その帆をティッシュペーパーの箱に貼りつけて、船を作りましょう。ほかに船にあればよいと思うものを厚紙や折り紙で作ったり模様をつけたりして、思わず乗ってみたくなる船にしましょう。

7 制　作

・紙コップを2つ貼りつけたものを体にして、そこに折り紙で羽やくちばしをつけ、さらに頭の飾りや尾羽などを工夫してすてきな鳥を作りましょう。

8 制　作

・B4判の紙を円すい形に丸めて帽子の形にして、はみ出した角の部分を切り取りましょう。端に2cm程度の幅になるように切り込みを入れ、折り曲げましょう。折り紙やビニールテープなどで模様をつけ、おしゃれな帽子にしましょう。

9 制　作

・厚紙で筒を1つ作り、それより少しだけ細い筒をもう1つ作りましょう。太い筒に切り込みを入れて、そこにゴムを交差させて貼りつけ、細い筒にはひもを貼りつけましょう。細い筒をゴムに引っかけて太い筒に入れ、ひもを引っ張って離すと飛ぶロケットを作りましょう。ロケットになる細い筒と発射台に、フェルトペンで自由に模様を描きましょう。

10 制　作

・厚紙を山折り、谷折り、山折り、谷折りとくり返して蛇腹に折り、絵のように両端を紙に貼りつけましょう。これに絵を描き足したり、折り紙や小さな箱などを貼りつけたりして何かわかる立体的なものを作りましょう。

11 工夫力・巧緻性

・絵のように紙コップの上に大きな本を置き、その上にボールを載せて落とさないように運ぶゲームをしましょう。テニスボールやピンポン球などお家にあるボールを使ったり、新聞紙を丸めて自分で玉を作ったりして遊びましょう。

12 思考・巧緻性

・絵のように板の上に、細長い紙を折ってセロハンテープで貼りつけて迷路を作り、ビー玉やピンポン球などを転がして遊びましょう。紙だけでなく、鉛筆やひもなど身近にあるものも使って工夫して作りましょう。

1

2

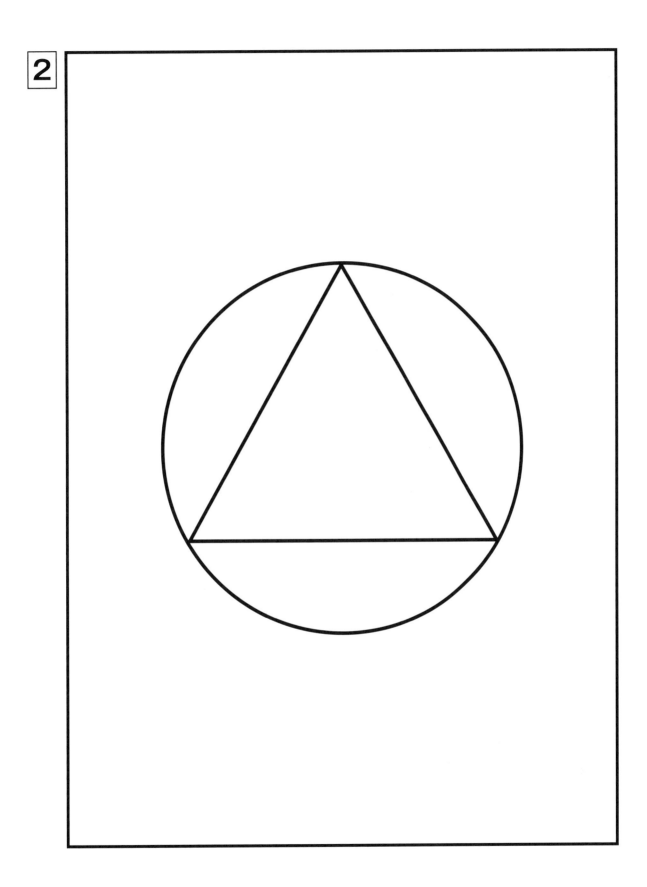

3

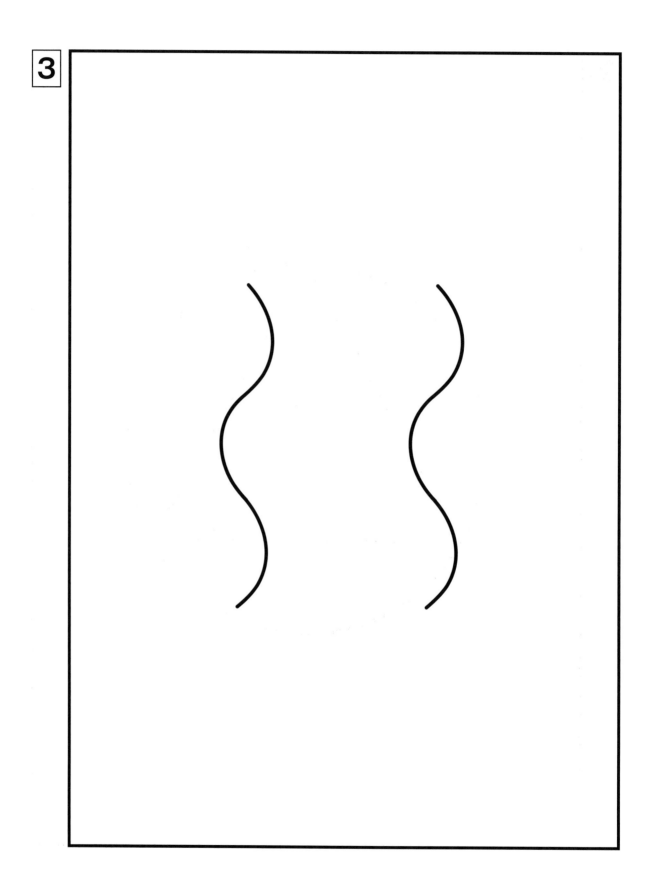

4

4

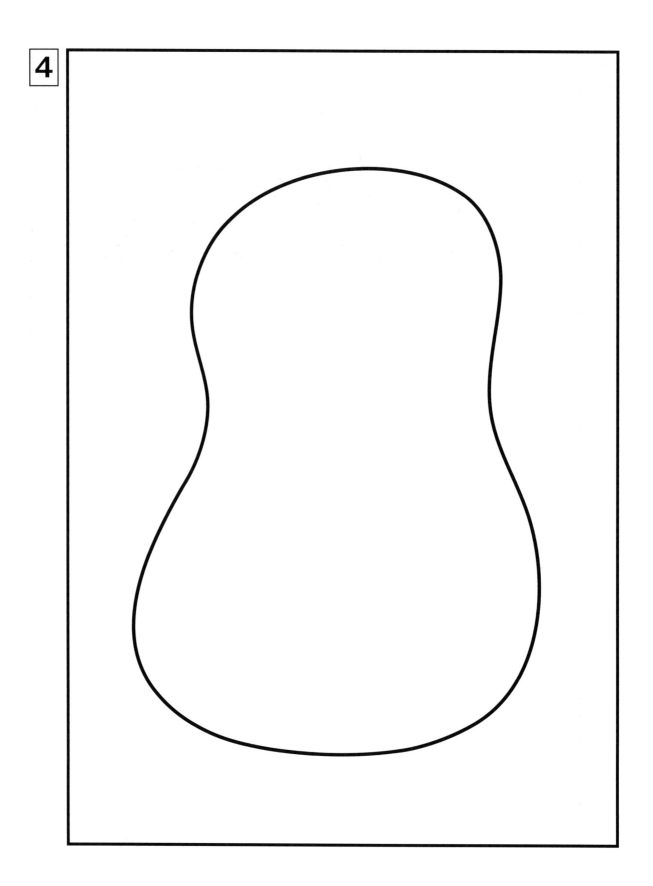

5

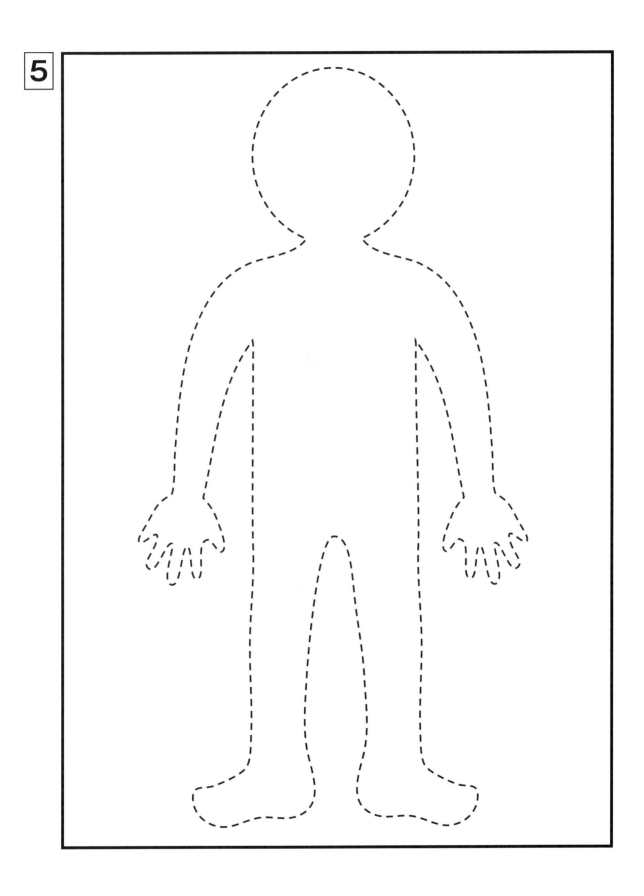

6

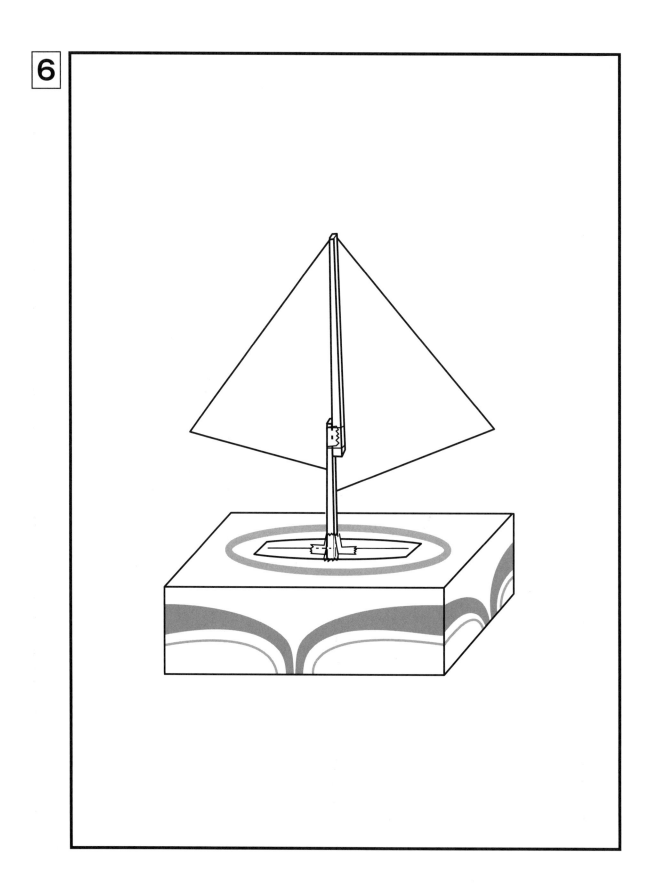

7

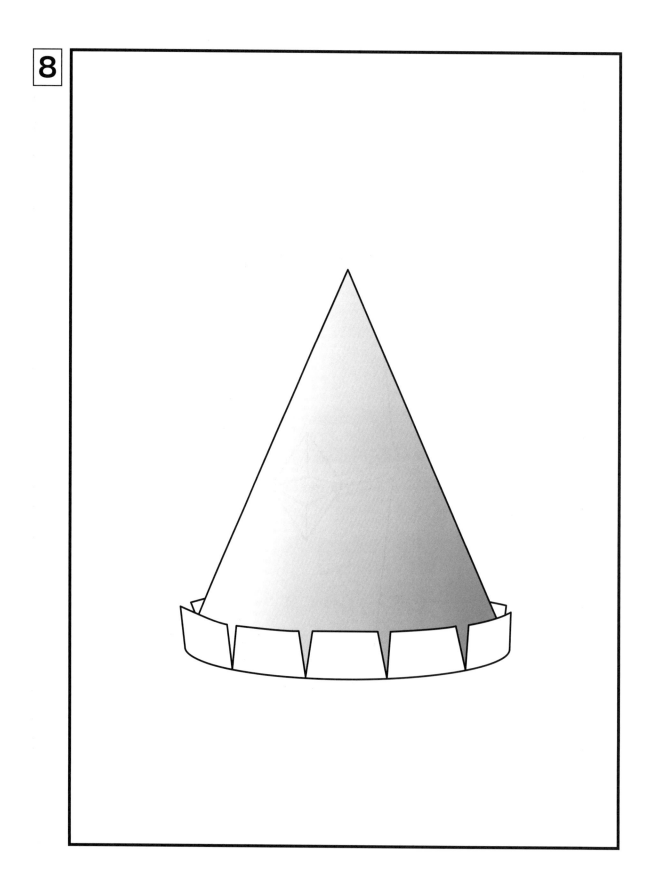

9

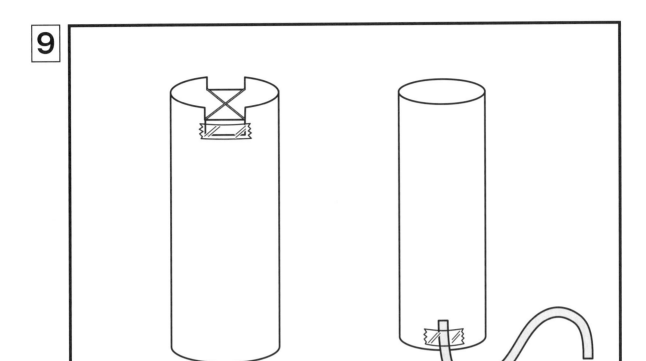

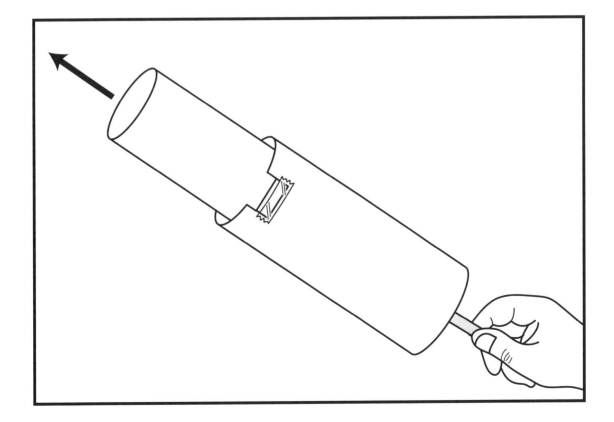

10

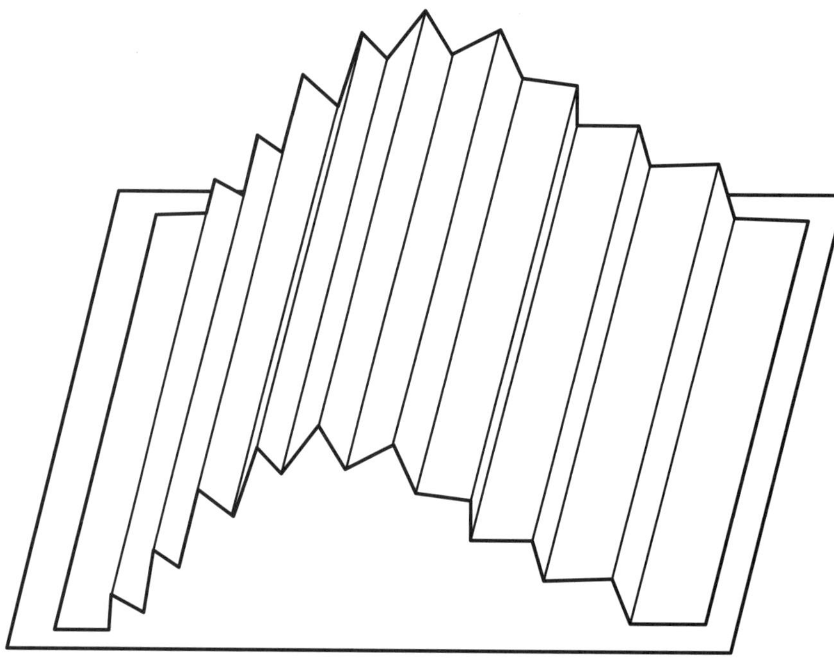

11

12

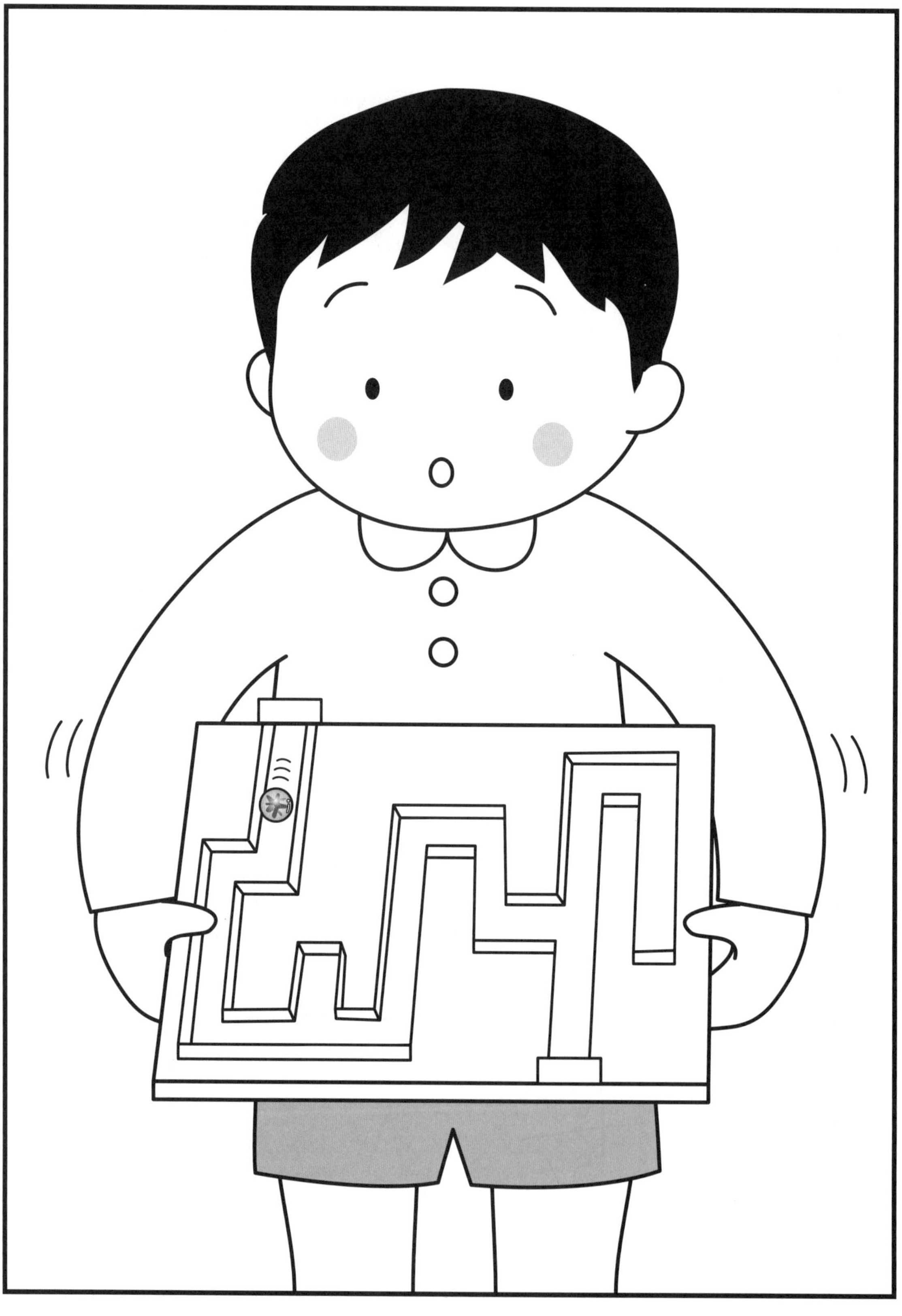